KB136443

남이 알려주지 않는 재테크

돈, 어디서 배우지?

남이 알려주지 않는 재테크

돈, 어디서
배우지?

김 환 배 (재테크 컨설턴트) 지음

인생을 즐기려면 재테크를 하라

요즘 재테크 열풍이 거세다. 직장인은 물론 전업주부도 어떻게 하면 올바른 재테크를 할 것인가에 관심이 쏠려있다. 대학생들도 사회에 진출하기 전에 적은 규모이지만 목돈을 만들기 위해 재테크 관련 동아리를 찾는다. 심지어 청소년들사이에서도 재테크에 대한 이야기가 주요 메뉴로 등장할 정도다. 일부에선 너무 돈에 집착하는 게 아니냐는 우려의 목소리도 들리지만 과연 그럴까?

외국에선 어려서부터 경제교육과 재테크 교육을 강도 높게 하고 있다. 인생에 일정한 계획과 여유를 가지면서 풍요롭게 살기 위해서는 장기간의 체계적인 교육이 필요하기 때문이다. 그러나 우리나라 현실은 그렇지 않다. 돈을 모으고 어떻게 쓸 것인가에 대한 이야기를 드러내놓고 하기 어려웠던 것이 얼마전까지의 사회분위기이다. 우리나라가 오랫동안 유교의 영향을 받아서이기 때문이라고 보인다. 고려 시대의 최영 장군은 '황금 보기를 돌 같이 하라'고 했고, 조선 시대에는 청빈한 선비 정신을 최고의 인생가치로 여겨졌다. 조상들이 돈을 거부했다기보다는 사람들이 돈을 좋아하고 더 많이 가지길 바라기 때문에 이를 경계하기 위한 것으로 보인다.

예나 지금이나 돈은 우리가 원하는 것을 가질 수 있게 해주는 등 인간의 욕망을 해결해주는 가장 기본적인 수단으로 꼽힌다. 요즘 들어 우리나라 사람들의 돈에 대한 인식이 많이 바뀌고 부자들에 대한 생각도 변하고 있지만 아직도 부자나 돈에 대한 부정적인 인식이 완전히 없어진 것은 아니다.

다음의 질문에 솔직하게 대답해보자.

−부자는 좋은 사람들이다.
−돈은 많을수록 좋다.
−나도 부자이고 싶다.
−돈 없이도 행복할 수 있다.
−직장을 선택하는 데에 연봉이 중요하다.

그냥 막연하게 대답하지 말고 충분히 시간을 가진 후 예 혹은 아니오에 대한 정확한 이유를 대라. 그러면 재테크에 대해 그동안 가졌던 생각이 달라질 것이다.

부자들에 대해 곱지 않은 시선을 가지고 있다면 재테크를 포기하는 게 좋다. 부정적인 생각을 가지고 있는데 무슨 수로 부자가 되겠는가. 돈에 대한 개념을 명확하게 한 후 부자에 대해 올바른 시선으로 보고 그들이 어떻게 재테크를 했는지 보기 시작할 때 비로소 부자가 될 첫걸음을 디딘 것이다. 부자이면서도 사람들의 존경을 받는 사람을 모델로 하여 재테크 전략을 짜는 것도 좋은 방법이다.

재테크는 인간의 수명과 불가분의 관계를 맺고 있다. 돈은 사람이 살아가는 데 좀 더 윤택한 삶을 사는데 중요한 도구이기 때문이다. 그래서 돈을 관리하는 방법(재테크)을 알기 위해서는 반드시 수명에 관해 알아야 한다. 우리나라 사람의 평균 수명은 갈수록 늘어나고 있다. 개인의 영양 상태가 좋아졌고 각종 질병의 예방이나 치료에도 획기적인 발전을 했기 때문이다. 또 해외에선 건강과 젊음을 유지하면서 편안하게 늙어 죽는 방법도 연구되고 있는 게 현실이다. 아프지 않고 조금이라도 오래 살고 싶은 게 인간의 본능이지만 경제력이 가장 중요한 키 포인트다.

돈 없는 노년생활은 외롭고 쓸쓸할 뿐이다. 준비 안 된 노후를 살아본 이들의 한결 같은 후회 어린 충고가 "어렵더라도 노후 준비를 일찍 시작하라"이다. 그렇다고 인생의 목표를 노후에만 초점을 맞출 수는 없다. 젊은이들에게 노후란 심각하게 받아들여지기 어렵기 때문이다. 이런 점들이 준비 안 된 노후의 시발이다. 노년생활을 먼 훗날의 일로 당신의 미래에서 제쳐두지 말라. 죽지 않고 살아남는다면 필연코 닥칠 노후를 내 팽개치지 말아라. 예산을 분배하듯이 당신의 노력과 투자도 분배해야 한다. 노후의 몫도 예산 항목에 두어야 한다는 말이다.

재테크에 대한 부정적인 생각을 가지고 남은 인생을 설계한다면 어떻게 될까. 멀리 내다보지 않아도 요즘 사회 분위기를 보면 쉽게 알 수 있다. 나아가 현재의 삶을 힘들게 하거나 고통스럽게 한다. 긍정적이고 행복한 인생 설계, 건강하고 행복하게 오래 사는 인생설계를 위해선 하루빨리 재테크에 관심을 갖고 실천에 옮기는 게 중요하다. 결국 경제적인 준비는 행복한 삶을 제대로 살기 위한 기본적이고 가장 중요한 것이다. 제대로 잘 준비하면 누구나 행복한 인생을 살 수 있다.

그동안 경제 관련 취재현장에서 배우고 느낀, 그리고 나름대로 공부한 재테크 내용을 한데 모았다. 어려운 경제용어를 되도록 쉽게 풀어쓰려고 노력했지만 의미가 제대로 전달됐는지는 전적으로 독자 여러분의 현명한 판단을 맡기겠다.

이 책이 나오기까지 힘써 주신 다원출판사 김영진 이사님과 소중한 가족 그리고 친구들, 후배에게 감사의 말은 전한다.

김환배

남이 알려주지 않는 재테크

돈, 어디서
배우지?

1장 | 재테크의 기초 ··· 11

    1. 재테크의 기본 10계명
    2. 재테크 3원칙
    3. 위험분산을 위한 투자
    4. 목돈(여유자금) 이렇게 굴려라
    5. 안전한 금융기관 고르기
    6. 투자 성향별 재테크

2장 | 라이프 사이클별 재테크 ··· 37

    1. 태어나서 대학까지
    2. 사회 초년생에서 결혼까지
    3. 신혼에서 가족 형성까지
    4. 가족 성숙기
    5. 50대 이후 노후 대책

3장 | 재테크 실전 전략 ··· 103

1. 금융상품 이용하기
2. 상품별 투자 전략
3. 펀드상품 투자

4장 | 테마별 재테크 ··· 143

1. 내 집 마련
2. 싱글족을 위한 재테크
3. 30대~40대 재테크
4. 노후를 위한 재테크
5. 주식 투자
6. 신용카드 재테크

5장 | 성공적인 삶을 위한 재무설계 ··· 219

1. 재무 설계란?
2. 재무 설계의 필요성
3. 재무 설계의 과정
4. 재무 설계의 종료
5. 행동 계획 만들기
6. 행동 계획 실행하기

6장 | 윤택한 노후를 위해 ··· 235

1. 노후 설계하기
2. 은퇴 후 필요자금 산정
3. 언제부터 어떻게 마련할까
4. '예상보다 오래 생존할 위험' 보장해주는 연금상품
5. 개인연금은 선택이다
6. 국민연금은 필수
7. 건강하고 여유 있는 노후 준비

| 1장 |

재테크의 기초

FINANCIAL TECHNOLOGY

재테크의 기본 10계명 | 재테크 3원칙 | 위험분산을 위한 투자
목돈(여유자금) 이렇게 굴려라 | 안전한 금융기관 고르기 | 투자 성향별 재테크

재테크란 무엇인가?

　몇 년 전 로버트 기요사키가 쓴 '부자 아빠 가난한 아빠'가 우리나라에 커다란 변화를 가져왔다. 그동안 공개적으로 이야기 할 수 없었던 돈(재산) 관리를 사회적 이슈로까지 발전시켰기 때문이다. '부자 아빠 가난한 아빠'는 투자와 투기를 명확히 구분 지으면서 '돈 버는 방법'이 아니라 돈과 자신에 대한 명확한 이해를 바탕으로 '돈을 관리하는 방법', 즉 재테크를 알려주고 있다. 이후 사람들 입에서 재테크라는 말이 쉽게 오르내렸으며 각종 매체에선 재테크 관련 기사가 홍수를 이뤘다.

　이렇게 생활용어가 된 '재테크'란 무엇인가? 우선 금융회계 관련 사전에는 '재무 테크놀로지'(financial technology)의 줄임말로 설명하고 있다. 재무 관련에 대한 고도의 지식과 기술을 가리키는 것이다. 즉 기업들이 잉여자금으로 유가증권에 투자하여 배당과 이자수입을 얻거나 주가등락에 따른 시세차익으로 수익을 높이는 활동을 말한다.

　그러나 일반인들의 입에 오르내리는 재테크는 한자와 영어의 합성어로 알려져 있다. 재물을 뜻하는 한자 財와 영어로 기술이란 뜻의 technic 혹은 technology를 혼합한 신조어, 즉 돈과 관련된 기술이란 의미가 더 강하다. 주식투자, 부동산투자, 저축, 보험, 카드 사용, 절세 전략 등등 돈과 관련된 다양한 상품을 통해 손실을 최소화하고 이익을 극대화하는 모든 방법들을 '재테크'라 부르는 것이다.

1. 재테크의 기본 10계명

정확한 수치로 앞을 예측할 수 있는 자연현상에는 누구도 이의를 제기할 수 없는 불변의 법칙이 존재한다. 경제이론이나 사회이론도 자연법칙처럼 정확하지는 않지만 어느 정도 일정한 원칙과 규정 아래 움직인다. 돈과 관련된 활동, 즉 재테크 역시 몇 가지 기본 원칙을 지킨다면 소기의 목적을 이룰 수 있다. 재테크를 하겠다는 마음을 굳히고 아래의 10가지 기본을 지킨다면 절반은 성공한 셈이다.

(1) 구체적인 목표를 세워라

그동안 작심삼일에 그칠 현실성 없는 포괄적인 계획을 세웠다면 지금부터 계획을 다시 짜라. 재테크를 왜 해야 하는지, 그리고 재테크를 통해 진심으로 이루고 싶은 것이 무엇인지를 깊게 고민하고 구체적인 목표를 세워라. 자신의 인생은 물론 가족들의 인생도 깊은 관련이 있기 때문에 재테크 계획을 세울 때 가족과 충분히 의견을 나눈 후 세우는 게 바람직하다.

(2) 목표를 세웠으면 당장 시작하라

가족과 함께 앞으로의 인생과 관련된 재테크 목표를 세웠다면 지금 당장 시작해야 한다. 인생과 관련된 문제인데 조금이라도 망설였다간 그만큼 자신에게 피해가 된다. 지금 실행을 늦추면 그에 비례해 부담도 많아지는 법이기 때문이다. 계획을 위한 계획은 너무나 소중한 무형 자산인 시간을 아무런 의미 없이 소비할 뿐이다.

(3) 최악의 상황에 항상 대비하라

우리는 미래에 관한 한 거의 장님이다. 한 치 앞도 내다보지 못한다. 정말이지 내일 일을 알 수 없다. 아니 몇 시간, 몇 분 후의 일도 알지 못한다. 앞을 내다볼 수 없는 불확실성의 시대에 살고 있는 것이다. 어느 보험사의 광고처럼 맑은 날에 우산을 챙겨야 한다. 늦었다고 생각할 때가 가장 빠른 법이다.

(4) 한 바구니에 계란을 담지마라

계란을 한 바구니에 넣고 가다 돌부리에 걸려 넘어졌다면 어떻게 될까를 상상해보라. 그래서 재테크에선 "계란을 한 바구니에 담지 말라"는 속담을 금과옥조처럼 여긴다. 대박을 꿈꿔 자산을 한 곳에 몰아넣지 말고 위험을 대비해 분산 투자하라는 의미다. 전문 투자자라면 위험 정도를 파악해 대박을 노릴 수도 있지만 대부분의 일반 투자자에겐 앞으로 발생할지 모르는 손실에 대비하는 게 좋다.

(5) 돈을 빌리는 것도 재테크다

기업의 살림살이를 한 눈에 알 수 있는 대차대조표를 보면 부채도 자산에 들어있다. 남에게 빌린 돈으로 생산 활동을 늘리면 결국 회사의 자산이 늘어난다는 의미를 포함한 것이다. 한 가정의 집안 살림에도 마찬가지다. 내 집을 마련할 경우 현재 가진 돈만으론 부족해 금융기관을 통해 대출을 받는다. 만약 이자 부담이 무서워 대출을 꺼린다면 내 집 마련은 물론 부동산 투자 측면에서 커다란 실수를 할 수도 있다.

(6) 세금은 최대한 적게 내자

모든 소득에는 항상 일정한 세금이 따라 다닌다. 따라서 세금을 최대한 적게 내고픈 게 보통 사람들의 한결같은 바람이다. 이를 역으로 이용하는 것도 재테크의 기본이다. 즉 저축을 하면서 세금을 절약할 수 있는 투자 상품을 고르는 것이다. 금융상품을 고를 때 항상 세전 수익과 세후 수익을 비교하고 비과세 상품이나 세금우대 상품을 우선적으로 선택해야 한다.

(7) 지나친 욕심을 금물이다

투자할 때 목표 수익률을 정해 지키는 게 중요하다. 인간의 욕심이란 끝이 없기 때문이다. 예를 들어 주식에 투자했을 경우 목표를 달성했음에도 장이 좋다고 버티다가 결국 커다란 손실을 보는 경우가 많다. 주식과 마찬가지로 채권, 신탁 상품에 투자에서도 지나친 욕심을 부려선 안 된다. 특히 시장이 상승하는 시기보다는 하락하는 시기에는 반드시 지켜야 한다.

(8) 주거래 은행을 만들어라

어느 가게나 단골은 대접받는 법. 은행도 마찬가지다. 요즘 시중은행들은 거래 실적이 좋은 고객에게 각종 수수료 면제와 감면혜택을 줄

뿐 아니라 대출을 받을 때도 한도액 등 많은 혜택이 준다. 주거래 은행을 정해 급여 이체는 물론 각종 공과금 납부 자동 이체, 다양한 금융상품 가입 등을 한데 몰아두면 각종 부가 서비스를 받을 수 있다.

(9) 수시로 평가하고 점검하라

아침에 일찍 일어나는 새에게 먹이도 많은 법이다. 일정한 금융상품에 투자했다고 해서 맥 놓고 기다리지 말고 수시로 새로운 상품과 비교하라. 보다 안정적이고 높은 수익을 올리는 상품으로 갈아타는 것도 괜찮다. 재테크는 부지런하고 항상 공부하는 사람에게 성공적인 결과를 가져온다는 것을 명심하라.

(10) 정보사냥꾼이 돼라

정보에 따라 재테크의 성패가 갈린다. 요즘 같은 정보의 홍수, 나아가 바다 속에서 자신이 택한 재테크에 맞는 정보 찾기가 쉽지 않다. 따라서 올바른 정보를 잡을 수 있는 정보사냥꾼(information hunter)이 돼야 한다. 신문에서 경제 관련 기사는 물론 경제지를 보면서 필요한 정보를 스크랩하고 각종 재테크 관련 커뮤니티에 가입해 정보원을 다양화하는 것도 좋은 방법이다. '정보가 곧 돈' 이라는 사실을 명심하라.

2. 재테크 3원칙

재테크는 재산을 지키는 동시에 그 가치를 늘리는 데 초점을 맞춰야 한다는 데 이의를 달 사람은 없다. 그러나 적극적인 재산관리를 하기 위해선 지켜야 할 기본 원칙이 있다. 즉 안정성, 수익성, 유동성 등을 항상 생각하고 재테크를 시작해야 한다.

(1) 안정성 – 손해 볼 가능성은?

세계적인 투자의 귀재로 꼽히는 미국의 워렌 버핏이 평생 투자를 하면서 지켜온 원칙이 있다. 첫번째가 '손해를 보지 않는다'이며 두번째가 '그 원칙을 잊지 않는다'이다. 누구나 할 수 있는 쉬운 말이지만 행동으로 옮기기엔 부단한 노력이 필요하다. 따라서 재테크는 안전성을 제1 원칙으로 삼고 시작해야 한다는 말이다.

이러한 초심을 지키기 위해선 충분한 안전장치가 되어 있는 투자처를 골라야 한다. 여유 자금을 활용하여 금융기관을 선택할 때나 주식이나 채권, 펀드, 부동산 등에 투자하더라도 이익은 차치하고라도 최소한 원금은 지킬 수 있는지를 꼼꼼히 따져야 한다.

(2) 수익성 – 적정한 수준의 수익이 가능한가?

재테크를 하는 가장 큰 이유는 수익을 올려 보다 많은 자산을 소유하기 위함이다. 금융기관의 예금이나 적금 같은 상품은 일정 기간마다 이자를 받는 안정적인 투자이나 수익이 적은 단점이 있다. 반대로 보다 많은 수익을 올리기 위해선 주식이나 펀드, 부동산 등 리스크가 큰 곳에 투자해야 가치 상승에 따른 매매 차익을 실현할 수 있다. 안정성에 너무 치중하다보면 주식이나 부동산 등에서 올릴 수 있을 만큼의 큰 수익을 달성할 수 없다.

현재 보유하고 있는 재산을 바탕으로 적정한 수준의 수익을 올리기 위해선 다양한 투자 형태에 대해 꾸준히 공부해야 한다. 예금이나 보험에 묶여 있는 자산을 리모델링하는 것도 한 가지 방법이다.

(3) 유동성 – 필요할 때 현금화 할 수 있는가?

사회생활을 하다보면 1초 앞을 내다볼 수 없는 게 우리네 삶이다. 집안의 대소사로 재테크 계획에 없는 목돈이 필요할 때가 많다. 이럴 경우 당장 현금화 할 수 없는 곳에 투자했다면 어떻게 될까. 높은 수익이 예상되는 자산을 울며 겨자 먹기로 헐값에 팔아야 한다.

금융상품의 경우 일정 기간이 지나야 이익을 실현할 수 있기 때문에 중도에 해지하면 마이너스인 경우가 허다하다. 이럴 대 손쉽게 대출받을 수 있는 지 여부를 사전에 점검해야 한다.

3. 위험 분산을 위한 투자

재테크의 기본원칙인 안전성, 수익성, 유동성 등을 어느 정도 충족시킬 수 있는 방법은 위험을 분산하는 것이다. 현재 보유하고 자산을 금융, 주식, 부동산 등에 적절히 나누어 투자하는 '재산 3분법'이 많이 쓰인다.

금융, 주식, 부동산이 가지고 있는 장단점을 적절히 배분해 위험 요소를 최소화하고 이익을 극대화 하는 것이다. 이 방법은 서로 반대 방향으로 움직이는 금융, 주식, 부동산 등의 속성을 이용해 한 곳에서 마이너스를 기록하더라도 다른 곳에서 이익을 얻는다.

예금은 일정한 기간만 지나면 수익을 올릴 수 있는 안정성 뿐 아니라 필요할 때 입출금이 가능해 유동성도 높다. 안정성이 보장된 만큼 수익성이 떨어지는 단점이 있다. 현재 금융기관에서 판매하고 있는 상품 중에도 주식형 수익증권 등 고위험이 따르는 상품이 있으니 사전에 충분한 검토가 필요하다.

부동산은 토지의 한계성과 연속성이라는 중요한 장점이 있다. 가치가 떨어지더라도 토지를 영원히 소유할 수 있다는 점이 큰 매력이다. 또 우리나라는 개발할 수 있는 토지의 수요가 많지 않아 부동산 개발 붐이 일어날수록 가격이 높아진다. 그러나 목돈이 필요할 때 빠른 시간 내에 현금화할 수 없으며 정부의 각종 정책으로 각종 세금과 수수료가 많은 단점이 있다.

주식은 주가의 오르내림에 따른 매매 차익과 배당 등 다양한 방법으로 수익을 올릴 수 있다. 현금화 할 수 있는 유동성도 금융기관의 예금 상품 못지않게 뛰어난 장점이 돋보인다. 그러나 너무 큰 매매차익을 노리거나 대박을 꿈꾼다면 자칫 원금뿐만 아니라 미처 생각하지도 못한 부채를 지게 될 가능성이 있으니 신중에 신중을 기해야 한다.

결국 3분법에 의한 재테크는 양날의 칼과 같은 속성을 가진 주식, 부동산, 금융 상품을 잘 조합하여 자산을 지키는 동시에 원하는 수익을 올리는 것이다. 자산이 충분하지 않다면 큰 자산이 필요한 부동산을 제외하고 금융 상품이나 주식에 투자해 원하는 수익을 올린 후 부동산으로 옮겨가는 것도 좋은 투자방법이다.

 이것만 알아도 재테크 UP

3분법은 각기 다른 속성을 가진 금융, 주식, 부동산이 안정적으로 운용될 때 큰 위력을 발휘한다. 그러나 경제 상황은 언제나 바뀌는 법. 정부가 금융이나 부동산 등 각종 경제 정책을 바꾸면 재테크 방법도 상황에 따라 수정해야 한다. 부동산 관련 정책이 바뀌면 시장 상황을 주시하면 투자시기를 늦추고, 주식시장 침체가 예상된다면 주식 비중을 줄여야 한다.

경제상황 변화에 따른 대처방법
경기의 호황과 불황 그리고 성장률 등을 정확하게 예측할 수는 없다. 요즘처럼 급변하는 대외 환경의 변화는 이를 더 어렵게 한다. 그러나 경기의 큰 흐름을 읽는데 조금만 신경을 쓰면 가능하다. 경제 관련 서적이나 경제 전문지 등을 꾸준히 읽고, 주요 기관에서 발표하는 각종 자료를 접하다보면 경기의 대체적인 흐름을 파악할 수 있다.
평소에 이런 작은 노력을 게을리 하지 않는다면 다양한 투자처에서 고른 수익은 물론 큰 수익을 올릴 수 있다는 점을 명심해야 한다.

금리 변화에 따른 변화
금리 변화의 여파는 예금은 물론 주식이나 채권에 미친다. 단순하게 보면 금리가 올라가면 주가는 하락하고, 채권의 가치도 크게 떨어진다. 반대로 금리가 하락하면 주가는 올라가고 채권도 덩달아 뛴다.

(1) 경기 전망에 따른 금리

연말이면 각종 경제 관련 연구기관이나 단체에서 내년의 경기 전망을 발표한다. 이를 바탕으로 기업들은 사업계획을 세우고, 개인의 씀씀이도 일정한 조정을 거친다.

경기 전망은 소비활동의 변화 등 여러 가지 요인에 의해 호황이나 불황 등의 일정한 사이클을 그린다. 이 같은 경기 변동은 명확한 구분은 없지만 보통 몇 가지 단계로 나누어진다. 즉 침체, 회복, 호황 또는 확장, 둔화 등이다.

경기 침체는 일정기간 전반적인 경기하강을 말하며 상향전환점 또는 저점에 도달하면 상승으로 반전, 회복 국면에 들어간다. 회복기가 지나면 경제는 호황 단계에 들어가 일정기간 후에 하향전환점 또는 정점에 도달하여 둔화로 반전하고 다시 침체과정에 들어가게 된다.

금융 자산의 가치도 경기 변동에 큰 영향을 받는다. 경기가 회복기로 들어서면 경제활동이 활성화돼 기업의 자금수요도 늘어나고 주식시장도 활황세로 돌아서며 금리 역시 완만한 상승세를 탄다.

경기가 호황 국면으로 들어서면 물가와 경제성장률이 상향 조정되고 자금수요는 크게 늘어난다. 또 일부에서는 경기과열에 대한 목소리가 커지며 주가는 다소 불안한 상승을 지속하며 금리도 올라간다.

경기 둔화기에는 일부 기업이 도산하는 등 경제가 불안해지고 향후 경제 전망이 불투명해짐에 따라 주가는 하락하고 금리 역시 불안한 상승세를 보이다 하락한다. 경기 침체기에는 성장률이 낮아질 대로 낮아지고, 자금수요도 작아 주가는 바닥을 보이고 금리도 하락세를 보인다.

이것만 알아도 재테크 UP

주식과 부동산
과거 경험에 따르면 우리나라에서 주가는 경기에 6개월에서 1년 정도 선행해 오르고, 부동산은 본격적인 호황의 진입시기부터 오르기 시작한다. 이러한 흐름에 기초해 보면 결국 주식은 경기가 바닥일 때를 전후해 투자 비중을 높이는 것이 현명하다. 새로 집을 사거나 집을 교체하는 등 부동산 투자도 경기흐름을 탄다. 즉 경기가 호황 막바지에 접어들 때는 부동산을 파는 전략을, 그리고 경기바닥이 어느 정도 확인된 후에는 사는 전략을 구사해야 한다.

채권투자는 장단기비중을 조절해야
금융상품의 구성 비중은 금리 추세에 유의하여 조정해야 한다. 장기금융상품과 단기금융상품에서 어느 쪽에 중점을 두느냐를 결정해야 하는 것이다. 금리가 상승할 것으로 예상되는 경우 단기금융상품의 비중을 높이고, 금리가 하락할 것으로 전망되는 시점에서는 장기금융상품의 비중을 높여야 한다.

집중 투자는 가급적 피해야
경기 변동에 따라 돈을 한 곳에만 투자하는 것은 바람직하지 않다. 경기흐름을 100% 정확하게 예측하는 것은 불가능하므로, 전 재산을 한 곳으로 몰아 투자하는 것은 매우 위험하다. 주식, 부동산, 금융상품에 골고루 투자하되 부동산을 매매하고 주식과 금융상품간의 투자비율을 조정할 때 향후 경기를 염두에 두는 것이 중요하다.

(2) 금리 변동에 따른 재테크

재테크를 남들보다 잘 하려면 금리 변화에 신경을 써야 한다. 전문 투자자들은 금리 추이에 따라 투자구성비를 수정한다. 금리에 따라 재산 가치가 바뀌기 때문이다.

주식, 채권, 부동산 등의 가치는 결국 그 재산으로부터 나오게 될 현재와 미래의 수익(배당, 이자, 임대료)을 현재가치로 산정한 것이다. 그런데 현재가치로 환산할 때 미래의 수익을 금리로 할인해야 하므로 결국 금리가 상승하면 투자자산의 가치는 하락하는 셈이다. 그래서 금리가 올라가면 주식시장이 맥을 못 추고 부동산과 채권가격이 떨어지게 마련이다.

그렇다면 금리가 변화할 때 포토폴리오는 어떻게 수정해야 할까?

금리 하락이 예상될 때

첫째, 금리하락이 예상된다면 장기금융상품에 눈을 돌려야 한다. 금리가 피크를 치고 하락 추세로 바뀔 때는 채권에 투자하는 것이 가장 유리하다. 하락할 것으로 예상되는 시점에 만기까지 금리가 고정되는 장기금융상품에 투자하는 것이 바람직하다.

둘째, 주식 투자 비중을 높이는 게 좋다. 금리가 하락하면 주식이나 부동산 등 모든 자산의 현재가치가 상승한다. 금리 하락은 경기가 침체되거나 시중의 유동성이 풍부할 때 발생하므로 경기가 침체되면 주가는 바닥에 근접하고, 시중의 유동성이 풍부할 때도 주식 매수기반이 커져 주가가 상승할 가능성이 커진다. 따라서 주식이나 부동산에 적극적으로 투자하는 것이 바람직하다.

셋째, 변동금리 대출을 고려한다. 금리 하락이 예상된다면 변동금리로 대출을 받아야 금리하락으로 인한 대출이자 감소가 가능하다. 그렇지만 금리가 충분히 하락하였다고 판단되면 기존 대출선을 저금리 대출로 전환하면서 금리도 고정금리상품으로 갈아탄다. 새로운 대출도 고정금리로 하는 편이 유리한 편이다.

금리 상승이 예상될 때

첫째, 투자의 관심을 단기금융상품으로 돌려야 한다. 금리 상승기에는 단기상품 위주의 투자전략을 써야 한다. 일단 장기상품에 투자해 버리면 금리가 추가로 상승할 때 더 높은 금리로 투자할 기회를 잃어버리기 때문이다. 즉 단기상품에 투자하여 운용기간을 짧게 가져감으로써 금리 상승 혜택을 최대화해야 하는 것이다.

또 금리 상승기에는 시중 유동성이 부족하게 되므로 단기상품 위주로 투자해야 예기치 못한 위기에 손쉽게 대처할 수 있다.

둘째, 변동금리 실적배당상품을 적절히 활용한다. 변동금리 실적배당 상품은 시중의 금리상황에 따라 수익률이 변하는 상품이다. 따라서 금리상승기에 가입하면 시장금리의 상승은 시차를 두고 수익률에 반영된다.

변동금리 실적배당 상품은 대개 추가 불입이 가능하므로 금리상승 추이를 보아가며 투자금액을 늘려나가면 수익률을 극대화할 수 있다.

셋째, 주식투자 비중을 줄인다. 금리 인상은 기업들에게 추가적으로 많은 이자비용을 부담시키기 때문에 기업가치가 떨어지고 주가도 하락한. 따라서 주가 하락에 따른 손실을 최소화하기 위해서는 투자금액 중 주식 비중을 낮추는 게 바람직하다.

넷째, 유동성에도 주의를 기울여야 한다. 금리 상승의 원인이 시장 불안 또는 금융 불안에서 생기는 경우도 있다. 이때는 수익성보다는 환금성 또는 유동성이 중요하다.

다섯째, 대출은 고정금리로 2~3년의 장기대출이 좋다. 금리가 상승할 것으로 판단되면 대출 역시 장기 대출이 필요하다.

여섯째, 예측에 지나치게 의존하는 포트폴리오는 피한다. 금리 상승과 하락기만 잘 알면 약간의 도움이 되지만 절대적인 기준은 아니다. 금리를 정확하게 예측하기란 불가능하기 때문이다.

결국 금융정보 수집에 충분한 여유가 없거나 전망에 자신이 없을 경우 금융상품의 투자기간을 장기, 단기로 나누어 투자하는 방법을 선택해야 한다. 예를 들어 1/3은 단기상품(3개월 정기예금), 또 1/3은 중기상품(1년), 나머지 1/3은 장기상품(2년 이상 채권)에 나누어 투자하는 것이 바람직하다.

4. 목돈(여유자금)은 이렇게 굴려라

재테크에서 투자기간을 잘못 잡으면 낭패를 보기 십상이다. 따라서 여유 자금을 운영할 때 투자기간을 결정하는 것이 키포인트다. 자금의 사용시기가 분명하다면 별 문제가 없으나 불분명하거나 사용시점이 1년 후인 자금은 단기로 운용할 지, 1년 이상 장기상품에 묶어 두어야 할 지 결정해야 한다.

어떤 상품은 중도에 현금화 할 수 없거나 현금화 하더라도 커다란 손실을 감당해야 한다. 수익률이 높아 보이는 수익증권도 중도에 환매를 하면 금융기관에서 보통 90일 미만은 이익금의 70%, 180일 미만은 30%를 환매수수료로 나간다.

또 주식에 투자했을 때 원하는 가격에 회수가 되지 않는 경우도 많기 때문에 기간 결정에 신중해야 한다.

(1) 1년 미만 단기자금

몇 년을 들었던 적금이나 곗돈을 손에 쥐면 여러 가지 생각이 있기 마련이다. 사용일이 정해진 등록금이나 아파트 중도금을 내기엔 기간이 남아 있고, 주식에 투자하자니 장이 불안하고.

이럴 때 운용 방법을 살펴보자.

첫째, 운용기간을 잘 따져야 한다. 단기자금은 먼저 돈이 필요한 시점을 감안해 금융상품을 골라야 한다. 운용기간이 1개월 미만인지, 석

26

달 정도 가능할지, 아니면 6개월 이상 운용할 수 있을지 잘 판단해야한다. 금리가 상품별로, 만기에 따라 크게 달라지기 때문이다.

금리가 높고 만기가 긴 상품은 유동성에 문제가 발생하기 쉽다. 만기 전 해지하면 일정액의 수수료를 떼고 나면 원금을 깎아먹는 경우도 있다. 따라서 기간에 맞는 상품을 선택하는 게 재테크의 기본이다.

3개월 미만의 여유자금은 종금사의 CMA[1], 투신사의 MMF[2], 증권사의 RP[3]/CD[4], 은행의 표지어음 등이 유리하고, 3개월 이상은 종금사의 CP[5], 증권사의 RP가 유리하다.

둘째, 금융기관별에 따라 또는 투자금액별에 따라 이자 차이가 난

---

1) CMA(Cash Management Account) 예탁금을 어음이나 채권에 투자하여 그 수익을 고객에게 돌려주는 실적배당 금융상품이다. 어음관리계좌 또는 종합자산관리계정이라고도 한다. 고객이 예치한 자금을 CP나 양도성예금증서(CD)·국공채 등의 채권에 투자하여 그 수익을 고객에게 돌려주는 금융상품이다.

2) MMF(Money Market Funds) 투자신탁회사가 고객의 돈을 모아 단기금융상품에 투자하여 수익을 얻는 초단기금융상품. 은행의 보통예금처럼 수시로 입출금이 가능한 상품으로 하루만 돈을 예치해 놓아도 펀드운용 실적에 따라 이익금을 받을 수 있기 때문에 단기자금을 운용하는 데 적합하다.

3) RP(Repurchase Agreement) 환매조건부채권. 금융기관이 일정기간 후에 다시 사는 조건으로 채권을 팔고 경과기간에 따라 소정의 이자를 붙여 되사는 채권으로 채권투자의 약점인 환금성을 보완하기 위한 금융상품이다. 환매조건부채권 매매는 자금수요자가 자금을 조달하는데 이용하는 금융거래방식의 하나로 주로 콜 자금과 같이 단기적인 자금수요를 충족하기 위해 생겼다.

4) CD(certificate of deposit) 은행이 발행한 양도성예금증서를 말한다. 은행이 정기예금에 대해 발행하며 예금자는 이것을 금융시장에서 자유롭게 매매할 수 있다. 최저 발행금액은 1000만원, 만기는 30~270일이며 은행이 발행기관이므로 안정성이 뛰어난 단기금융상품이다.

5) CP(Commercial Paper) 용도가 높은 우량기업이 자금조달을 목적으로 발행하는 단기의 무담보 단명어음을 가리킨다. 어음기간은 1년 범위 내로 규정하고 있다. 이자율은 연 40% 이내에서 투자기간의 구분없이, 발행기업의 신용도 및 실세금리의 변동에 따른 변동금리가 적용되나 중도해약의 경우 양도성예금증서(CD)보다 높은 해지 수수료를 내야 한다.

다. 같은 상품이라도 금융기관별로 수익률이 다르다. 은행권에서는 영업 전략에 따라 유사상품에 대한 금리에 차등을 두고 있다. 동일한 금융상품도 투자액에 따라 이자가 다르다. 거액예금일수록 높은 이자를 주고 금액이 적으면 낮은 이자가 지급된다.

은행의 경우 500만원 미만이면 수익이 높은 것으로 알려진 MMDA[6]에 가입해 봐야 연 0.25% 정도의 이율이다. 만약 기존의 저축예금에 놔두면 연 0.2%를 받을 수 있다. 따라서 저축 규모에 따라 유리한 예금이 어떤 것이 있는지 확인한 후 가입하는 것이 좋다. 각 금융기관별로 금리가 다르니 인터넷이나 전화로 금리를 미리 확인하는 것이 좋다.

소액의 단기운용에는 투자금액별 금리 차이가 없는 MMF, CMA가 적합할 수 있으나 가입자의 성향에 따라 조금씩 다르므로 상품별 특징을 살펴본 후 가입해야 한다.

셋째, 입출금이 자유로운 지 확인하라. 단기상품에 가입할 때 꼭 확인해야 할 사항은 입출금의 제한 여부다. 단기금융상품이라고 해서 입출금이 무조건 자유롭지는 않다. 목돈의 사용 시점이 불확실하면 MMF, MMDA, CMA 등 입출금이 자유로운 상품 중에서 금리가 높은 것을 고르는 것이 바람직하다.

---

6) MMDA(Money Market Deposit Account) 시장금리부 수시입출금식 예금으로 은행의 단기 금융상품이다. 입출금이 자유로운 상품이면서도 고금리가 가능하다는 것이 장점이다. 이 상품은 고객이 은행에 맡긴 자금을 하루짜리 콜이나 양도성예금증서(CD) 등 단기금융상품에 투자해 얻은 이익을 이자로 지불하는 구조로 돼 있다. 또한 예치하는 금액이 많을수록 높은 금리를 적용한다.

RP, CP 등 입출금 제한이 있는 상품은 비록 금리는 높지만 만기 이전에 돈을 찾을 때 이자를 손해 볼 수 있기 때문에 주의를 기울여야 한다.

넷째, 금융기관의 신용도를 파악하라. 종전에는 어느 금융기관에 예금하더라도 문제가 없었지만 외환위기 이후 금융기관의 신용이 중요하다. 5,000만원까지는 예금을 보상 받을 수 있기 때문에 걱정할 필요가 없지만 5,000만원 이상은 금융기관이 건실한지를 따져 거래하는 것이 안전하다.

(2) 1년 이상 장기자금

결혼자금이나 교육자금을 마련하기 위해 저축을 한다면 대체로 1년 이상 운용해야 한다. 또 순수 투자목적으로 가지고 있는 돈도 금리가 일시적으로 크게 상승하거나 금리가 하락할 것으로 예상된다면 장기 금융상품으로 돌릴 필요가 있다.

1년 이상 장기자금 운용은

첫째, 자유입출금식 예금은 피하는 게 좋다. 예치기간이 짧을 경우 낮은 금리가 적용되는 자유입출금식 상품은 수시로 돈을 찾아 쓸 수 있으면서 금리가 높아 인기다. 그렇지만 금리 5% 수준에서 평균 잔고 100만원을 6개월 이상 유지한다 하더라도 연 2만원 이상의 이자를 받을 가능성은 크지 않다. 중간에 예금의 일부를 인출하고 동일금액을 얼마 후 다시 예치할 경우 낮은 금리가 적용될 수 있기 때문이다.

둘째, 절세상품이 0순위다. 장기간 저축할 경우 세금을 줄일 수 있는지 여부를 확인하는 게 우선이다. 연 10%의 이율로 1,000만원을 예금할 경우 받게 되는 이자 100만원 중 16만5,000원은 세금으로 내야 한다. 적지 않은 세금을 줄이기 위해 세금을 덜 내는 비과세상품, 세금우대상품, 일반과세상품 순으로 금융상품을 고른다. 비과세 상품은 세금을 한 푼도 내지 않는 상품이며, 세금우대 상품은 세금이 절반 정도만 부과된다. 세금우대가 되는 금융상품과 안 되는 상품간의 이자율 차는 최소 1~2%포인트이므로 세금우대가 안 되는 상품에 가입할 경우 그만큼 손해를 볼 수 있다. 또 일부 상품은 연말정산 때 소득공제까지 받을 수 있으니 꿩 먹고 알까지 먹는 격이다.

절세상품을 가입할 때 주의할 점이 있다. 우선 세금우대 여부를 반드시 확인한 후 가입해야 하고, 비과세 상품은 중도에 해지하지 말아야 한다. 비과세 상품이라 하더라도 중도해지 할 경우 세금이 정상적으로 과세되기 때문이다. 자금이 꼭 필요한 경우에는 중도해지보다는 '예금담보대출'을 고려하는 것이 좋다.

셋째, 이자 지급방식을 꼼꼼하게 따진다. 보통 금융기관이 보여주는 수익률은 세전 수익률이다. 따라서 언제나 세후 수익률을 확인하는 게 기본이다.

이자 지급방식도 점검해야 한다. 같은 금리라고 해도 이자 지급방식에 따라 수익이 크게 다르다. 예를 들어 이자를 먼저 주느냐, 만기에 원금과 함께 주느냐에 따라 그리고 이자를 매월 주느냐, 6개월 단위로 지급하느냐에 따라 고객이 받게 되는 최종금액이 크게 달라진다. 일반적으로 이자를 먼저 받을수록, 지급하는 횟수가 많을수록 유리하다. 먼저 받은 이자금액에 대한 이자가 추가적으로 붙게 되기 때문이다.

확정금리인지 변동금리인지도 확인하라. 금융기관에서 제공하는 수익률은 확정치 일수도 있지만 예상수익률을 제시하는 경우도 있고, 주식 등이 포함된 경우 원금손실의 가능성도 있다.

넷째, 금융기관의 안전성을 수시로 점검하라. 외환위기 이후 예금자보호법이 본격 시행되면서 거래 금융기관이 부실화할 경우 5,000만 원 이상의 금액은 원리금 손실이 발생할 수 있다. 채권시가평가제도 점차 확대되고 있어 장기상품인 경우 현격한 원리금 손실이 발생하게 된다. 이제 금융상품 선택 시 거래 금융기관의 부실 가능성은 물론 예금자보호법 대상인지를 반드시 확인할 필요가 있다.

안전한 금융기관을 고르기 위해서는 부실여신, 신용등급, 주가수준 등을 통해 거래 금융기관의 경영 상태를 수시로 점검해야 한다. 실적배당형 상품은 운용결과에 따라 원금까지 손해 볼 수 있는 위험을 안고 있다는 점과 개인연금 등 원본보전신탁을 제외한 대다수의 신탁상품들은 예금자 보호대상에서 제외된다는 점에 유의해야 한다.

다섯째, 투자성향을 살피고 사후관리를 철저히 한다. 1년 이상 장기간 운용해야 하는 자금인 경우 수익성을 감안하다 보면 채권과 주식이 일부 편입되기 마련이다. 금융상품은 기본적으로 위험하다는 자세가 필요하고 또 자신의 자산을 적극적으로 관리하려는 태도가 필요하다.

모든 금융자산이 위험하다는 전제 하에서 이를 잘 관리하기 위해서는 어떻게 해야 할까? 우선 여러 곳에 분산투자가 바람직하다. 분산투자를 할 때 자신의 투자성향에 맞는 금융상품을 선택한다. 공격적 투자자라면 일시적으로 손실을 보더라도 장기적으로 높은 수익을 얻기 위해서 주식이나 고수익 채권에 투자하는 것이 자신의 투자성향에 맞다. 반면 보수적 투자자의 경우 주가나 금리에 따라 자신의 재산가치가 크게 움직이지 않는 투자가 적합하다.

5. 안전한 금융기관 고르기

투자 금액의 원리금이 보전될 수 있는 정도가 안전성이다. 금융상품을 선택할 때 앞으로 금융기관의 파산 등에 대비하여 거래 금융기관의 부실 가능성과 선택한 금융상품의 예금자보호법에 의한 원리금 보장 여부를 확인할 필요가 있다.

(1) 예금자 보호
금융기관이 영업정지를 당하거나 파산하는 경우 상시 보호되는 예금에 대해 원금과 이자를 합쳐 1인당 최고 5,000만원까지 보호 받을 수 있다.

예금자 보호 대상 금융기관은 예금보험공사에 보험료를 납부하는 시중은행, 특수은행, 외국은행 국내지점, 농·수협 중앙회, 수산업협동조합, 증권회사, 보험회사(재보험 및 보증보험회사 제외), 종합금융회사, 상호신용금고, 신용협동조합 등이다.

우체국은 '체신예금, 체신보험에 관한 법률'에 의거 원리금 전액을 보호하며, 새마을금고, 농·수협 단위조합 등의 경우에는 '예금자보호법' 대신 각 업계 자체적으로 조성한 안전기금에 의해 보호 장치가 마련되어 있다.

(2) 우량 금융기관

BIS(국제결제은행) 기준 자기자본비율, 부실여신비율 등 주요경영지표를 확인하는 게 좋다. 또 경영공시 내용이나 감독 당국의 경영평가 결과, 신용등급, 주가 수준 등을 통해 거래 금융기관의 경영 상태를 점검할 필요가 있다.

BIS 기준 자기자본비율 이외에 무수익여신 비율이나 ROA[7](총자산당기순이익률) 등도 좋은 판단기준이다. 무수익여신비율이란 금융기관의 총여신에 대한 무수익 여신의 비율이다. 무수익 여신비율은 낮을수록, ROA는 높을수록 우량한 금융기관이다.

---

7) ROA(Return On Assets) 기업의 일정기간 순이익을 자산총액으로 나누어 계산한 수치로, 특정기업이 자산을 얼마나 효율적으로 운용했느냐를 나타낸다. 금융기관에 있어서는 특정 금융기관이 총자산을 얼마나 효율적으로 운용했느냐를 나타내는 지표를 말하며, 금융기관이 보유자산을 대출, 유가증권 등에 운용해 실질적으로 얼마만큼의 순익을 창출했는지를 가리킨다.

6. 투자성향별 재테크

투자 상품을 결정할 때는 자신의 기본적인 성향을 잘 파악하고 있어야 한다. 모든 투자에는 위험과 수익이라는 동전의 양면이 있기 때문이다. 보통 수익률이 높은 자산은 그에 수반되는 위험이 크고, 반대로 위험성이 낮은 자산은 그 자산을 운용함으로 해서 생기는 수익이 적어지기 마련이다.

재테크에 조금이라도 관심 있는 사람이라면 모두 수익이 높은 곳에 투자하려고 한다. 그러나 동전의 한 면만 쳐다보고 투자한다면 자칫 큰 낭패를 겪을 수 있다. 따라서 자신의 투자성향을 파악하고 있어야 안정성과 수익성이라는 두 마리 토끼를 잡을 수 있는 것이다.

투자 목적이 원금 보전에 있는지 아니면 수익률 극대화에 있는지, 또 투자기간은 장기인지 단기인지, 투자자가 젊은지 노년층인지, 투자 후 배당을 정기적으로 수령해야 하는지 아니면 재투자하는 쪽을 좋아하는지 등을 체크해 보면 자신의 투자성향이 보수적인지 공격적인지를 알 수 있다.

(1) 위험 회피형(저수익 – 저위험 추구형)

투자성향이 아주 보수적인 형태를 보인다. 보통 노인층이나 젊은층 가운데 주가가 조금만 떨어져도 어쩔 줄 모르고 안절부절 하여 주식투자는 아예 생각하지 않는 사람들이라고 할 수 있다. 위험 회피형 투자자는 안전성에 비중을 많이 두어서 은행예금이나 확정금리상품 등에 투자를 70%정도 하고, 나머지 30%는 신탁, 간접투자 등 변동금리상품에 투자하여 안전성을 더 중시하는 투자를 하는 경향이 있다. 주식이나 채권 직접투자는 하지 않는 편이다.

(2) 위험 중립형(중수익 – 중위험 추구형)

어느 정도 수익도 추구하면서 약간의 위험을 감내하고자 하는 패턴이다. 은행예금이나 확정금리상품 등에 40%정도 투자하고, 40%는 신탁, 간접투자 등 변동금리상품에 관심을 갖는다. 또 나머지 20%는 채권직접투자, 전환사채, 대형 우량주식 등에 투자하는 경향이 있다.

(3) 위험 선호형(고수익 – 고위험 추구형)

주로 젊고 패기가 넘치며 적극적이며 주가가 빠져도 밤에 잠을 잘 수 있는 느긋함을 갖췄다. 수익성 확보를 위하여 주식이나 채권의 직접투자의 비중을 확대하고 선물, 옵션 등에도 투자한다.

은행예금이나 확정금리상품에 30%정도 투자하고 신탁, 간접투자 등 변동금리상품에 30% 투자, 나머지는 채권직접투자와 주식 등에 투자하는 데 채권직접투자, 전환사채, 대형우량주 등에 20%, 나머지 20%는 대형우량주 외의 주식에 투자하며, 옵션이나 선물거래를 하는 패턴이다.

2장

라이프 사이클별 재테크

FINANCIAL TECHNOLOGY

태어나서 대학까지 | 사회 초년생에서 결혼까지
신혼에서 가족 형성까지 | 가족 성숙기 | 50대 이후 노후 대책

1. 태어나서 대학까지

(1) 경제활동 소외기, 소외될 수는 없다

학창기인 이 시기는 특별한 경제 활동을 하지 않는다. 또한 전적으로 부모에게 경제력과 의사결정 권한이 있기 때문에 재테크에 무관심할 때지만 사실은 이때부터 재테크와 친숙해져야 한다. 이 시기의 재테크란 특별한 게 아니다.

근검 절약하는 생활 습관을 갖게 하고 주어진 용돈 내에서 경제적이고 합리적으로 돈을 쓰는 것을 배우는 것이다.

'3살 버릇 여든까지 간다' 라는 말도 있듯이 어릴 때의 습관이 얼마나 중요한 지는 지나고 나면 충분히 알 것이므로 아이들에게 좋은 습관을 길러주자. 미취학 아동과 취학 아동, 중·고생들을 위한 상품을 살펴보고 어린이 날이나 생일 선물로 부모와 함께 통장을 만들어 보는 색다른 경험을 주도록 하자.

미취학 아동일 경우 부모님 실명확인증표(주민등록증)와 아동과의 관계 확인을 할 수 있는 의료보험증이나 주민등록등본 등을 가지고 가면 통장을 만들 수 있다.

아이의 이름이 새겨져 있는 도장도 만든다. 이 때 주의 할 것은 부모가 통장을 만들어 주는 것보다 아이에게 얼마간의 돈을 쥐어주고 직접 신규로 만들게 해보는 것이다.

만들어진 통장을 아이가 직접 받아 보고 자신의 이름과 도장을 확인하게 되면 통장 위에 찍힌 자신의 이름과 도장을 보며 아이는 무척이나 흥미롭고 즐거워 할 것이고 향후 은행을 이용하는 습관을 길러줄 수 있다.

대부분의 시중 은행에서 아이들을 위한 상품을 판매하고 있다. 또 장학적금은 아이들을 위한 대표적 상품이라고 할 수 있는데 가입 대상은 초·중·고등학생 및 미취학 아동이고 장학적금 또는 일반정기적금 중 1계좌 이상에 가입할 수 있다.

1년 이상 3년 이하로 월 단위로 가입 기간이 설정되어 있고, 가입한도는 미취학 아동 및 초등학생은 200만원까지 중·고등학생은 400만원까지 설정되어 있다. 월 1,000원 이상 저축할 수 있으며 장학적금으로 가입하면 이자에 대하여 10%의 세금만 원천 징수하므로 세금이 대폭 감면되는 효과를 볼 수 있다.

이처럼 자라나는 아이들을 위한 많은 상품들이 준비되어 있다. 아이가 중·고등학생일 경우엔 이런 청소년 상품에 가입하여 직접적인 경험을 통해 각 금융기관에 대한 이해도를 높이는 것이 유익하다. 이런 상품에 가입하면 학자금대출을 받을 수도 있고 컴퓨터 교실 참여, 현장 견학 등 다양한 부대 서비스도 즐길 수 있다.

대학생인 경우엔 여러 가지 과외 등의 아르바이트를 통해 직접 경제력을 가질 기회가 많기 때문에 재테크에 대한 관심을 보다 적극적으로 갖는 게 좋다.

자금 범위 내에서 MMDA(시장 금리부 수시 입출금식 예금), 정기예금 등

고금리 단기금융상품에 가입하여 목돈을 마련한 뒤 해외여행을 하는 것도 학창시절의 좋은 경험이 될 수 있다.

등록금이 부족할 경우에 대비, 학자금을 마련하는 방법으로는 적금과 대출의 두 가지 방법이 있다. 적금으로는 10%의 세금만 떼는 장학적금을 이용하는 것이 좋다. 모든 은행에서 취급하며 1~5년까지 월 단위로 가입할 수 있다.

미취학 아동이나 초등학생은 최고 200만원까지 가입할 수 있다. 학자금 대출은 모든 은행에서 취급하지만 국고에서 지원하는 학자금 대출이 학생들에게 유리하다.

경제적 능력이 없는 시기라고 해서 그냥 보내서는 안 된다. 용돈을 쓰는 습관 나아가 정작 경제력이 생겼을 때를 대비하여 좋은 습관을 가르치는 것이 이 시기에 적절한 재테크이다.

 알아야 할 재테크 상식

1. 일단 뭐든지 어릴 때부터 저축하는 습관을 기르는 것이 좋다
대학생은 물론 초, 중, 고등학생들도 어차피 저축하는 습관을 기르는 게 좋다. 직접 자신에게 맞는 저축방법을 알게 한다면 어릴 때부터 재테크를 몸으로 익힐 수 있다. 물론 큰돈을 모으는 것은 쉽지 않은 일이지만 장학적금(세금 우대)정도는 가입할 수 있다.

2. 한살이라도 젊을 때부터 인생설계에 들어가는 것이 좋다

최소한 대학생이라면 자신의 취업과 라이프사이클에 다른 재무설계 정도는 해야 한다. 소프트뱅크를 세운 손정의씨는 20대에 세운 자기 인생설계를 차곡차곡 완성시킨 결과 오늘날과 같은 갑부가 되었다. 특히 젊을 때는 돈을 모으기보다 쓰려고만 하는 사람들이 많은데, 이는 자신의 즐거운 인생을 더욱 단축시키는 결과를 낳게 되는 것이다.

3. 학자금이나 배낭여행 자금 등 배움을 위한 투자가이드

– 학자금(등록금)을 본인이 직접 벌어야 하는 학생이라면 1년 단위의 세금우대저축(특판 정기적금 등)과 장학적금 등의 세금우대상품을 이용하는 것이 좋다. 또는 학자금대출이 가능한 은행상품에 가입하는 것이 바람직하다.

– 배낭여행자금 역시 세금우대저축을 활용하는 것이 좋으며, 간혹 은행마다 이벤트성 상품이 나오는 경우를 이용하는 것도 좋다. 만약 대출이라도 받고 싶다면 종합통장 소액대출이나 여행사의 대출연계상품(여행사마다 다르므로 여행사에 직접 문의하거나 여행관련 사이트를 이용)을 이용한다.

4. 인생설계를 위한 사전 준비작업

일찍부터 인생설계를 하고자 한다면 우선 세대주 독립 등을 통한 내집마련저축에 가입하거나 결혼자금 마련을 위한 은행상품에 가입하는 것이 좋다. 물론 이를 위해서는 먼저 각종 라이프 이벤트(내 집 마련, 결혼, 대학교육, 유학 등)에 필요한 자금설계가 선행되어야 한다.

용돈모아 목돈 만들기

요즘 아이들을 키우려면 교육비가 만만치 않다. 웬만큼 교육시켜서는 자식들한테 좋은 부모소리 듣기는 틀렸다. 아이들이 노는 것보다 학원 다니는 친구를 부러워하다니 정말 세상이 바뀌어도 한참 바뀐 것 같다. 더구나 아이들을 대학까지 보내야 한다고 생각하면 머리가 아플 지경이다. 자기가 벌어서 다니게 할 수는 없을까? 빨리 자립심을 키워주어야지...

최근 들어 조기유학, 교육이민이라는 단어를 많이 접해보았을 것이다. 그만큼 자녀들을 교육시키는데 많은 돈과 정성이 들어간다는 뜻이다. 통계상으로도 도시가구의 경우 지출의 가장 큰 부분이 주택마련과 관련된 것이고, 그 다음으로 상당 부분이 자녀들의 공교육비와 사교육비에 들어간다는 사실이 입증되었다.

　남들만큼 가르치지 않고 살려고 하니 자식이 처지는 것 같고, 남들만큼 하려니 소득이 모자라는 것이 당연하다. 또한 요즘 같은 세상에서는 일반적인 교육만 가지고는 사회에 적응하기가 어려운 실정이다. 그리고 대학 교육의 경우 교육비가 너무 비싸서 대출을 받아서 교육을 시키는 경우가 대부분이다. 하지만 이러한 경우에 무계획하게 돈을 모으거나 대출을 받는 것은 너무 무모한 행동이다.

　합리적이고 계획적인 저축과 대출 등의 재테크는 경제생활을 보다 더 여유롭게 한다. 그리고 자녀들의 교육비는 스스로 모으게 하는 것도 좋은 방법이다. 어릴 때부터 저축에 대한 개념을 확실히 가르치고 자신의 교육비도 일정 부분 책임지게 하는 것이 자녀들의 미래에 도움이 된다.

　이러한 교육비를 마련하기 위한 재테크도 미리미리 준비하는 것이 본인이나 자녀들 모두에게 유익하다.

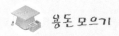 **용돈 모으기**

부모님들이 돈을 버는 것은 일정한 노동에 대한 대가다. 따라서 학생도 자신이 일정한 노동을 한 경우에는 그 대가를 받는 것이 원칙이다.

– 설거지, 세탁기 돌리고 빨래널기, 청소하기, 구두닦이, 심부름하기 등의 집안일을 도운 경우 일정 금액을 받는 계약을 부모님과 약속한다. 집안일의 대가로 용돈을 줄 때는 일의 내용을 신중하게 결정하고, 책임감 있게 완수했을 때만 용돈을 주는 게 좋다.

– 수도세, 가스요금, 전기세 등의 공공요금을 관리하여 지난해와 비교한 차액을 모을 수 있다.

– 빈병 재활용하기, 벼룩시장에 가서 중고품 팔기, 아르바이트 등

1. 용돈 관리하기 : 무조건 저축하라. 돈이 생기면 금액의 크기와 관계없이 저금통에 넣어두던지 통장에 넣어두는 습관을 기르는 것이 중요하다.

2. 금전출납부 활용하기 : 용돈의 씀씀이를 기록하는 게 재테크의 첫걸음이다. 따로 용돈 일기장 등을 사지 말고 한국은행 사이트에 가면 청소년을 위한 용돈기입장을 무료로 내려받을 수 있다.

3. 더치페이 습관 기르기 : 자신이 친구들보다 앞서 돈을 내는 버릇이 있다면 고치는 게 좋다. 한턱을 내려면 자기 생일이라든지 뭔가 특별한 날에 한정한다.

4. 충동구매는 절대 금지 : 남들이 산다고 나도 산다면 언제 저축 할 수 있겠는가. 꼭 필요한 물건이 있으면 사전에 스스로 물어보고 가격이 적당한지 등을 다져야 한다.

2. 사회 초년생에서 결혼까지

(1) 합리적인 저축과 소비로 재테크 첫걸음

20대 중·후반에 이르면 경제활동의 객체가 아닌 주체로 거듭나는 사회 초년생이 된다. 본격적으로 '내가 버는 돈'이 생기게 되고 이것

저것 하고 싶은 것도 많아진다. 사회생활을 시작한다는 것은 경제적으로 독립해야 한다는 것을 의미하는데 이는 단순히 부모로부터 용돈과 생활비를 의지하지 않는다는 것 이외에 부모님의 울타리를 벗어나 자신의 힘으로 결혼도 하고 집도 장만해야 한다는 것을 의미한다. 지금부터는 결혼자금 및 주택자금을 준비하는 본격적인 재테크 입문기로서 '대박'을 노리는 주식투자보다는 알뜰히 저축하는 정도(正道)를 걷는 재테크를 실행하는 시기인 것이다.

 알아야 할 재테크 상식

20대는 인생에 있어 가장 활동량이 많고 돈도 많이 쓰는 시절이다. 그만큼 경험이 앞으로 재산이 되기도 한다.

1. 이벤트를 활용하라
연인과의 데이트, 모임 등이 많은 20대에 잘 활용한 카드 하나가 당신을 스타로 만들 수 있다. 어차피 써야 할 돈이라면 할인과 이벤트를 잘 이용해야 하지 않을까. 인터넷은 이벤트의 천국이며 상품 역시 갖고 싶은 마음을 들게 만든다. 매달 이벤트를 하는 홈페이지를 한 달에 한 번씩 방문하여 이벤트에 참여하는 것도 방법이다.

2. 제휴 관련한 카드는 꼭 만들어라
카드는 신용카드 한 개, 체크카드 한 개, 통신 제휴 카드 한 개 등 총 3개만 있으면 충분하다. 체크카드는 신용카드와 달리 자신의 계좌에 있는 현금 한도 내에서 결제 가능하므로 씀씀이가 현명해진다. 신용카드는 무이자 할부나 꼭 필요할 때만 사용한다. 통신사 카드는 신용카드만큼 많은 부가 서비스가 있다. 연회비도 없고 잃어버려도 아무 때나 재발급 받으면 된다.

3. 절약 정보는 반드시 메모

같은 제품이라도 반드시 싸게 살 수 있는 곳이 있다. 정보가 돈이기 때문이다. 무료 주차장이나 가격 비교사이트, 할인 정보, 이벤트, 경품 행사 등은 메모를 해두다 보면 반드시 도움이 된다.

재테크 실천 전략

첫째, 월급의 40%, 최소 30% 이상은 저축

부양가족 없이 혼자 소득으로 생활하는 미혼 때는 월 저축률이 도시 가계근로자 평균저축률(약 30%)보다 높아야 마땅하다. 갑근세, 상조금과 같은 공제액을 감안하더라도 월 40%, 최소 30% 이상은 반드시 저축부터 하고 나머지 돈으로 생활하는 습관부터 기르자. 쓰고 남은 돈으로 저축한다는 마음을 버리고 꾸준히 저축하는 습관을 갖기 위해서는 '선 저축, 후 소비' 하는 습관이 중요하기 때문이다. 앞날을 도모하기 위해 월 급여가 자동이체 되거나 시중 우량 은행 중에 주거래 은행을 선정하여 꾸준히 거래하면 나중에 대출이나 금리 등 기타 서비스를 제공받는데 유리하다.

둘째, 차곡차곡 목돈을 모으자

이 시기는 종자돈(seed money)을 만드는 시기이다. 처음에 종자돈 만들기가 어렵지 그 이후 불리는 것은 그리 어렵지 않으므로 꾸준히 모아야 한다.

이 시기에 가장 유리한 상품은 단연코 근로자 우대저축 및 신탁이다. 연간 총 급여액이 3,000만원 이하인 근로자만 가입할 수 있으나 근무기간이 1년 미만인 근로자는 근속 월수에 대한 총급여액을 연으로 환산하여 3,000만원 이하면 가입 할 수 있다. 월 1만원 이상 50만원까지 불입할 수 있는 저축은 비과세 상품이므로 절세 효과도 뛰어나 보수적인 성격으로 안정적인 확정금리를 선호한다면 저축을, 공격적인 실적배당을 선호한다면 신탁을 선택하면 된다.

셋째, 주택관련 상품에 꼭 가입

서둘러서 가입해야 할 상품은 주택청약 관련 상품이다. 주택마련 상품으로는 청약예금, 청약부금, 청약저축 등이 있는데 신입사원의 경우 주택청약저축 혹은 부금에 가입하는 것이 좋다. 청약저축은 전용면적 25.7평 이하 국민주택이나 임대주택을 분양 받을 수 있고, 청약부금은 전용면적 25.7평 이하 민영주택을 분양 받을 수 있으며 주택자금을 융자 받을 수도 있다.

매월 15만원 정도를 청약부금에 가입하면 2년이 넘어 전용면적 25.7평 이하의 민영주택을 1순위로 청약할 수 있는 자격을 갖출 수 있다. 이런 주택청약저축 외에 미래의 주택자금 대출을 위해 미리 준비해 둔다.

또 부족한 전세자금 및 주택구입 자금을 위해 대출이 가능한 상품에 미리 가입해두는 것이 좋다.

여러 은행의 주택마련 관련 상품은 이자소득에 대한 비과세에다 연말정산 때 소득공제혜택을 받을 수 있다. 또 장기대출을 받을 수 있는 장점이 있으므로 이 또한 주택마련 시를 대비하여 검토할 필요가 있다.

넷째, 노후 준비는 빠르면 빠를수록 좋다

아직 앞길이 창창한 20대에 벌써부터 노후 준비 하자고 하면 의아해 할 것이다. 그러나 노후대비는 학교를 졸업하고 취업한 20대부터 차근차근 준비해 나가는 것이 그 혜택 면에서 훨씬 유리하다.

노후 준비의 대표적 금융상품이 개인연금이다. 개인연금은 중도 해지 시에는 정상 과세하는 상품으로 노후생활 및 장래의 생활 안정을 목적으로 일정금액을 적립하여 연금으로 원리금을 수령하는 장기 고수익 저축 상품이다. 만 20세 이상 가입이 가능하고 매월 1만원 이상 100만원(또는 분기 당 300만원)까지 입금이 가능하나 최소한 10년 이상 적립을 해야 하며 55세 이후에 5년 이상 연금으로 지급받을 수 있다. 연금은 매월 받을 수 있으나 수익자가 원할 경우에는 3개월 또는 6개월, 1년 단위로 정할 수도 있다. 이 상품은 이자소득에 대한 비과세 혜택뿐만 아니라 소득공제를 받는다.

다섯째, 보너스로 목돈을 마련하자

목돈을 만질 수 있는 기회인 보너스는 월 복리 적립신탁으로 늘려보거나 RP(환매조건부채권)같은 단기에 금리 경쟁력이 있는 상품에 투자해 볼만하다. 월 복리적립신탁은 1년6개월 이상동안 수시로 자유롭게 적립하면서 세금우대도 가능하며, 매월 이자가 복리로 운용되는 실적배당 상품인데 그 종류가 다양하게 있어 자신의 선호에 따라 선택하기 용이하다. RP는 500만원 이상이면 투자가 가능하고 투자기간은 30일에서 1년이며 중도환매가 가능하다.

여섯째, 금융기관의 서비스 정보를 잘 활용하자

은행의 최신식 서비스를 맘껏 활용하자. 은행의 폰뱅킹과 PC뱅킹, 인터넷 뱅킹은 그 편리함보다는 수수료 절감으로 더 돋보인다고 하겠다. 사회 초년생들은 신세대답게 새로운 금융서비스를 최대한 이용하여 비용의 혜택도 톡톡히 맛보는 것이 좋다. 현금을 쓰는 것보다 카드를 쓰는 것이 훨씬 유리하다는 것도 명심하자. 하지만 무절제한 카드 사용만 조심한다면 현금사용보다 소득공제 혜택 및 여러 부가 서비스에서 유리한 소비패턴이 될 수 있다.

이러한 전략을 참고로 잘 모으고 잘 소비하면 3~4년 쯤 후엔 연 소득 2,200만원 신입사원을 가정할 때 약 4,000만~5,000만원 정도의 돈을 모을 수 있을 것이고 이를 결혼자금으로 활용하고 나머지 차액은 대출을 활용하면 결혼을 훨씬 수월하고 독립적으로 할 수 있을 것이다.

주거래 은행을 활용하자.

대부분의 은행이 거래실적을 기준으로 단골고객을 정하여 우대하고 있기 때문에 여러 은행과 거래하는 것보다 안전성 및 수익성 그리고 고객에 대한 서비스가 우수한 은행 1~2개를 골라 집중 거래하는 것이 유리하다.

금융상품은 꼭 가입하라

학창 시절 빚이 있는 사람을 거의 없다. 그러나 소득이 있는 직장생활을 하면서 돈이 부족하다고 하소연 하는 이가 있다. 무엇이 문제일까?

원인은 단 하나. 월급으로 벌어들이는 수입보다 지출이 많기 때문이다. 즉 지갑관리를 못하고 과소비를 하는 것이다.

재테크는 빠르면 빠를수록 효과가 커진다. 지금 받고 있는 월급이 많다고 월급을 적게 받는 친구보다 계속 낮게 살 거라는 생각은 금물이다. 사회 초년 시절에는 돈을 쓰더라도 일단 50%는 무조건 저축하는 것이 기본이다.

첫째, 청약 통장을 개설하라

주택과 관련한 금융상품으로는 청약저축, 청약부금, 청약예금, 장기주택마련저축 등이 있다. 청약저축, 청약부금, 청약예금은 전 금융기관을 통틀어 한사람이 1개만 가입할 수 있다. 따라서 자격 요건을 우선 살펴보셔야 한다. 청약저축은 무주택세대주(단, 60세 이상 또는 장애인인 직계존속을 부양하는 호주승계 예정자는 세대주가 아니더라도 무주택 요건 충족하면 가입 가능)만 가입 가능하고, 청약예금과 청약부금은 20세 이상인 경우라면 누구든지 가입할 수 있다. 이 3개 중에서 연말 공제가 가능한 상품은 청약저축과 청약부금입니다. 그런데 청약 부금은 2000년 10월 31일 이전 가입자에 한해서 공제 가능합니다.

장기주택마련저축은 만 18세 이상 무주택자 또는 전용면적 85m²(약 25.7평) 이하의 1주택 소유자이면서 세대주에 한하여 가입이 된다. 계약 기간은 취급 기관별로 다르지만 일반적으로 장기 상품이므로 7년 이상 납입 시에는 이자소득에 대하여 비과세가 된다. 소득공제가 가능하며 은행, 상호저축은행, 증권회사에서 취급합니다. 장기주택마련저축은 2009년 12월까지 가입 가능하다.

둘째, 적립식 통장을 개설하라

적립식 통장은 목돈을 만들기 위한 수단으로 어떤 상품을 선택하는가에 따라 적립되는 금액과 기간이 달라진다. 일반적으로 적립식 상품에는 은행 상품과 펀드 상품으로 나눌 수 있다.

안정형 투자자라면 원금이 보존되는 적립식 상품이 적합하므로 원금과 이자를 동시에 잡을 수 있는 적금 상품을 가입하는 것이 유리하다. 나아가 세금 우대 혹은 비과세, 연말 정산에 유리한 상품을 문의한 후에 가입하면 더욱 좋다.

은행 적금보다 수익률이 높은 상품을 원하는 투자자라면 펀드 상품 중에서 원금만은 무조건 보장되면서 이자(수익)는 운용 성과에 따라 변동되는 옵션부 펀드 상품을 가입한다.

공격적인 투자자는 순수 운용 성과에 따라 수익률이 변동하는 상품을 고르는 게 좋다. 이 경우 원금 보장이 안 되기 때문에 가입하기 전에 충분한 상품 설명을 듣고 결정해야 한다. 공격적인 투자 상품은 대부분 증권 연계 상품이 많기 때문에 기간을 주가 지수가 낮은 때 가입하여 3년 이상 길게 가져가는 것이 좋다.

셋째, 연금상품에 가입하라

연금저축은 18세 이상이면 누구나 가입할 수 있고, 기간은 10년 이상 가입한 뒤 만 55세 이상부터 5년 이상 매달 일정액을 연금식으로 받을 수 있다. 은행에서 가입할 수 있는 대표적인 노후대비 상품이다.

이 상품은 분기별로 최고 300만원까지 불입할 수 있으며, 300만원 한도 내에서 여러 계좌로 나눠 가입할 수도 있다. 특히 가입기간이 10년 이상이면 연 240만원 한도로 납입액의 100%가 소득공제 된다. 매달 20만원씩 납입하면 급여수준에 따라 21만~92만원의 세금을 돌려받을 수 있다.

그러나 계약기간 전에 중도해지 시 세금추징을 감수해야 한다.

넷째, 1개월 미만의 목돈은 MMDA에 맡겨라

월급을 받게 되면 일반적으로 회사 거래 은행 계좌를 개설하는 것이 관례다. 이 경우 통장은 자유입출금 통장인데 금리가 매우 낮다. 하지만 1%의 금리를 아낄 줄 아는 사람이 진정한 부자다.

MMDA는 수시 입출금식이지만 고액의 경우에는 예치금액에 따라 높은 이자율이 지급된다. 이 상품은 종합통장의 모계좌가 되지는 않지만 자동이체 등의 연계가 가능하며, 일반예금상품과 동일한 성격의 상품이다. 그러나 이 상품은 은행별로 기간, 금액에 일정한 제한 조건이 있으니 담당자와 상담하고 개설하는 게 바람직하다.

선택 가능한 금융상품

사회 초년생일 때는 무조건 소득의 40% 이상을 저축해야 한다. 하지만 너무 많은 금액을 저축하고 "나, 돈이 없어서…"라고 빈대를 붙는다면 주위에 사람이 없어질 수 있다. 따라서 인간관계를 해칠 만큼 재테크를 하는 것은 결코 바람직하지 않다.

첫째, 신용 카드는 단 1개만 가입

외환위기에 이어 카드대란으로 신용카드에 대한 사회적인 인식이 많이 바뀌었다. 현금서비스를 위해 신용카드를 이용한다면 당장 취소하라. 신용카드는 편리함을 위한 것이기 때문이다. 또 각 카드사가 제공하는 포인트 적립 서비스도 순기능으로 볼 수 있다.

카드는 단 한 장이면 충분하다. 자신이 주로 이용하는 기능을 가지고 있는 지를 선택기준으로 삼으면 된다. 자신의 필요에 따라 주유할인, 놀이동산, 항공 마일리지 등이 가능한 카드를 선택한다.

둘째, 마이너스통장과 월급통장은 CMA 통장으로

당장 내일 앞일은 누구도 모르는 법. 예상치 못한 목돈이 들어가는 경우가 많다. 이럴 때를 대비해 마이너스 통장 한 개쯤은 갖고 있는 것이 좋다.

은행의 월급 통장(보통 예금)에 붙는 이자는 거의 없다고 보면 된다. 이자를 지급하더라도 금액에 따라 연 0.1~0.3%가 적용되며 50만원 미만의 소액에는 이자를 지급하지 않는 은행도 있다. 반면 증권사 및 종금사 CMA는 단 하루만 맡겨도 연 3.5% 이상의 이자를 준다. 이처럼 증권사 및 종금사 CMA는 중도 인출이 어려운(중도 해지 이율 지급) 1년제 정기예금 이자와 거의 맞먹는 고금리 이자를 받을 수 있다.

셋째, 보험 가입은 필요한 것만 가입

보험은 한 살이라도 적을 때 가입하는 것이 보험의 기본이다. 보험 자체가 미래를 대비하는 게 목적이기 때문이다. 보험에는 저축과 보험 혜택을 동시에 볼 수 있는 저축성 보험과 보험 기간 동안 보장해 주는 보장성 보험이 있다. 보장성 보험을 한 개 가입하고 난 뒤 저축성 보험으로 보장을 추가 보충하면서 급여가 올라가면 보장을 확대하는 것이 바람직하다.

알뜰결혼준비

사전 준비와 정보만큼 확실한 절약 노하우는 없다. 예전에는 정보를 얻으려면 많은 발품을 팔았지만 현재는 인터넷에서 이 모든 일들이 해결된다. 결혼 역시 예외가 아니다.

결혼은 돈 있어야 한다?

대부분의 신혼부부들은 결혼과 동시에 모든 것을 다 갖추려고 한다. 이 때문에 결혼 비용이 높아지고 있다. 그러나 결혼한 지 몇 년이 지난 부부를 보면 대부분 결혼할 때 준비한 혼수나 가전제품은 모두 준비할 필요가 없었다고 한다.

결혼을 앞둔 예비부부들이라면 예단, 예물, 주택마련, 살림살이 등에 들어가는 비용을 최대한 줄이고 앞으로의 재테크 종자돈을 모아두어야 한다. 이때의 결단이 남은 생애의 중요한 순간이 된다.

알뜰한 결혼을 하려면 결혼 비용은 발품을 팔면 팔수록 싸게 할 수 있다. 하지만 일생 한 번 있는 일이니 너무 준비 과정에서 힘을 빼면 역효과가 날 수도 있으니 주의가 필요하다. 보통 결혼 6개월 전부터 혼수 준비를 시작하는 게 좋다. 그래야 꼭 필요한 것만 준비할 수 있고 예비부부끼리 혼수 문제로 다투는 일도 원만하게 처리할 수 있기 때문이다.

알뜰 혼수 마련 노하우

1. 결혼 성수기인 3~5월, 9~11월 초는 피하라
비수기에는 예식장, 신혼여행, 웨딩 촬영 등에서 할인 혜택을 받을 수 있다. 결혼식도 평일에 하면 다소 절약이 가능하다.

2. 공짜를 찾아라
구민회관이나 시민단체가 운영하는 예식장은 무료로 사용할 수 있다. 지하철역사도 이색적인 무료 예식장으로 인기가 높다. 다만 이런 공짜 예식장은 경쟁이 치열하므로 발이 빨라야 한다.

3. 현금보다 선물을 챙겨라
축의금은 대부분 예식비와 식대에 쓰이게 되므로 가까운 친구들이나 지인에게는 현금보다 선물을 요구하는 것이 현명하다.

4. 전시용품을 이용하는 것도 좋다
가구나 가전제품의 경우 매장 전시용 제품과 새 제품은 별 차이가 나지 않는다. 전시용도 기능이나 디자인 면에서 전혀 하자가 없으며 최대 50%까지 싸게 구입할 수 있다.

5. 인터넷을 활용하라
인터넷 가격 비교 사이트를 통해 구입하고자 하는 물건의 가격을 미리 파악한 후 필요한 물품을 구입하는 게 좋다.

3. 신혼에서 가족 형성기까지

(1) 가정과 가족을 책임져야 한다

직장 생활 어느덧 3년이 지나고 있다. 그 동안 결혼 준비를 철저히 해왔던 사람이라면 부모님께 전적으로 의존하지 않아도 어느 정도의 신혼살림은 꾸릴 수 있을 것이다.

모든 이들의 축복을 받으며 시작했던 결혼, 꿈같은 신혼, 장밋빛 미래 등 어느 것 하나 나쁠 것 없었던 신혼 때의 설레임을 간직하며 살고 싶다.

이젠 자신만의 집도 갖고 싶고 앞으로 태어날 아이도 '정말로 자~알, 남부럽지 않게' 키우고 싶은 꿈도 꾼다. 하지만 현실의 벽에 부딪히면서 꿈은 하나 둘 깨지게 되고 쥐꼬리만한 월급에 내 집 마련은 멀어진다. 설레임이 어느새 한숨으로 바뀌게 되는 것이다.

한 개인에게 결혼은 말 그대로 '빅뱅'이다. 결혼을 분기점으로 거의 모든 생활이 변한다. 이젠 자신만이 아니라 자신이 꾸리는 가정을 책임져야 하는 막중한 임무가 있다. 이 시기에 재테크 전략은 항상 그렇듯 일찍 세울수록 좋다. 즉 신혼 때 세우고 실행하는 게 중요하다고 할 수 있다.

그 동안 힘들게 모았던 자금은 결혼 할 때 다 써버리고 지금부터는 다시 시작이란 마음으로 비록 눈앞에 놓인 돈이 크진 않지만 티끌 모아 태산을 만들어야 한다.

신혼기의 재테크는 둘만의 보금자리인 전셋집을 늘리거나 주택구입 자금을 차근차근 모으고 향후 자녀의 출산과 육아비용을 마련하는데 초점을 두고 있다.

저축은 가급적 빨리 시작하자

막상 신혼부부가 되면 직장을 다니면서 그간에 모아둔 돈은 결혼자금으로 다 써버리고 빚만 남기 일쑤다. 그렇기에 다시 시드머니를 만드는 초심으로 돌아가야 한다. 신혼부부가 기반을 마련하려면 하루라도 빨리 저축하는 것이 유리하다. 신혼시절 허리띠를 바짝 졸라매서 종자돈을 마련하면 그 다음부터는 재테크 속도가 엄청나게 빨라진다. 빨리 저축해서 목돈이 마련되면 그 후에는 이자가 이자를 불려주기 때문이다.

그러나 이러한 종자돈 이론을 알고 있어도 수중에 돈이 있으면 쓰기 쉽다. 특히 신세대 신혼부부인 경우에는 주변의 소비유혹에 흔들리기 쉬워서 더욱 그렇다. 이런 환경에서 효율적으로 저축하기 위해서는 월급이 들어오는 통장에서 다른 금융상품으로 바로 자동이체 시키는 것이 좋다. 자동이체를 하면 먼저 저축을 한 후에 남은 돈으로 소비하는 '선 저축, 후 소비'를 손쉽게 실천할 수 있다.

여가생활에 대한 지나친 지출은 금지

여가생활에 대한 지나친 지출은 재산형성의 장애 요인이다. 신혼시절은 저축보다는 여가를 즐기는 데 더 신경을 쓰는 경우가 많다. 일생에서 가장 돈을 많이 모을 수 있는 시기는 결혼 직후부터 자녀들이

취학하기 전이다. 이때 어느 정도의 돈을 모아놓지 않으면 그 이후에는 자녀 교육비 등의 지출이 증가돼 그 이전보다 저축할 여력이 그만큼 줄어들게 되고 목돈을 만져 볼 기회가 영원히 오지 않을 수도 있다.

맞벌이는 한 사람의 소득을 전부 저축으로

맞벌이 신혼부부의 경우 혼자 버는 가계보다 소득의 여유가 더 있게 마련인데 서로가 소득이 있다 보니 결혼하기 전과 같이 과도하게 소비하는 경향이 있다. 이런 경우 두 사람 중 더 많이 버는 사람의 소득은 아예 저축 상품이라고 생각하는 것이 좋다.

이런 경우 알뜰하게 재테크 하는 방법은 내 집 마련이든, 3년 후 현금 5,000만원 마련이든 확고한 재테크 목표를 세우는 것이다. 그리고 계획에 따라 저축을 한다.

주택 관련 상품은 장기간 불입해야 하지만 비과세 및 소득공제 대출 등의 혜택이 있으니 신혼시절부터 가입하면 훨씬 유용한 상품이라고 할 수 있다.

주택관련 상품은 필수

결혼을 하고 아이를 갖게 되면 서부터 본격적으로 내 집 마련에 대한 생각이 확고해진다. 보통의 서민들에게 일반 주택(특히 대도시)을 구입하기란 허리띠를 졸라매고 몇 년을 고생해도 힘든 일이다. 이런 때를 대비해 주택관련 상품에 가입을 해야 한다. 요즘은 내 집 마련 외에 투자의 목적에서도 행해지고 있으니 가계 재테크에 있어 필수적 상품이라고 할 수 있다. 분양을 받아 내 집을 마련할 목적으로 저축을 할 때에는 목돈을 일시에 넣는 청약예금과 일정기간 적립하는 방식인 청약부금 및 청약저축이 있다.

내 집 마련 방법으로 주택 청약 관련예금에 가입하여 아파트 청약자격을 얻어 분양 받는 것이 일반적이나 청약예금과 관계없이 재건축·재개발 아파트 등 기존 아파트를 구입하는 방법도 함께 검토할 필요가 있다.

기존 대출은 마이너스 대출로 전환하라

보통 결혼을 하면 대출금 얼마쯤은 다들 갖고 있다. 결혼을 하기 위해 대출을 받았던 부부는 대출 금리 등을 따져보고 상환 및 기타 전략을 고민해야 한다.

일단 소액의 일반대출(1,000만원 이하)이 있다면 이를 예금 실적만으로도 대출이 가능한 마이너스 대출로 전환하는 것이 좋다. 부부의 급여가 들어오고 각종 공과금 등이 처리되는 통장을 마이너스 대출 통장으로 활용하여 수시로 상환하고 필요할 때 찾아 쓰는 방식으로 운용하면 이자 부담을 좀 더 경감할 수 있다.

가계부는 재테크 뿐 아니라 부부의 신뢰감을 높여준다

돈을 벌기는 하는데 모이지 않는다고 털어 놓는 사람들이 많다. 경제적 문제에 대한 오해로 인하여 서로를 의심하거나 불신하게 되는 부부들을 종종 볼 수 있다. 결혼 초에는 사랑으로 살지만 나이가 들어 갈수록 상호신뢰로 살아간다. 신혼 시절에는 약간의 잘못된 생활태도도 사랑으로 감쌀 수 있지만, 가정이 경제적으로 어려워지면 서로 짜증스럽고 점점 신뢰감을 상실해 갈 수 있다. 주위에서 보면 재산 상태나 돈의 지출문제로 부부가 서로를 의심하는 가정이 심심치 않게 있다. 이때 가계부는 하나의 증빙서의 구실도 하며 이를 토대로 새로운 생활계획과 각오를 다질 수 있는 계기도 만들 수 있고 또 잘못 지출된 낭비요소를 찾아서 수정할 수 있는 자료로도 활용할 수도 있으므로 가급적 가계부를 쓰는 것이 좋다.

 내 집 마련의 노하우

내 집 마련을 위해서는 은행에서 취급하는 전세자금이나 주택 구입자금 대출을 이용하는 방법과 분양에 따른 부족자금을 조달하기 위해 아파트 중도금대출을 이용하는 방법이 있다. 무리해서라도 주택을 구입하고 싶다면 부모님 집을 담보로 은행에서 주택 구입자금을 빌리는 것도 방법이 될 수 있다. 결혼을 하여 부양가족이 생길 경우 보험에 가입해 두는 것은 필수다. 보험은 부부 중 수입이 많은 사람(맞벌이 부부일 경우) 명의로 가입하되 저축성보다는 보장성 보험에 우선적으로 가입하는 것이 좋다. 미래의 위험을 보장한다는 생각으로 가입하되 보험료가 소득의 5%를 초과하면 부담이 많아 좋지 않으므로 자신의 소득 수준을 감안하여 판단하여야 한다. 자녀의 교육자금과 목돈 마련을 위해서는 월 소득의 30%(부부 중 한 사람만이 수입이 있을 경우)는 무조건 저축하는 습관을 갖는 게 최선이다. 목돈마련에는 비과세-세금우대상품을 최대한 활용하는 게 좋다. 비과세 상품에는 개인연금신탁, 장기주택마련저축, 근로자 우대저축 및 신탁 등이 있으나 모두 별도의 자격요건에 제한이 있어 가입하기가 쉽지 않고 많은 금액을 저축할 수도 없다.

(2) 이런 금융상품은 꼭 가입하라

30대는 목돈을 모으는 동시에 목돈을 굴려야 하는 시기이다. 사회 초년생일 때는 주로 안정적인 은행 상품에 주력했다면 이 시기에는 주식이나 채권을 다루는 제2 금융권(보험, 투신, 증권, 저축은행)의 금융 상품 지식을 쌓아야 한다.

기간 설정이 키 포인트

일정한 금액의 목돈을 만들었다면 이제 본격적인 재테크에 들어갈 때다. 사회 초년생 때는 안정적인 투자를 했다면 이때는 고금리 상품에 관심을 기울이거나 위험을 분산한 투자 방법을 택해야 한다. 즉 위급한 상황에 대비하여 일부는 초단기 상품에 분산 투자하고 이자 소득에 대한 절세 상품을 이용한다든지 등이다.

만약 청약통장을 20대에 가입하지 않았다면 반드시 청약 예금을 들어야 한다. 예금에 가입할 때 세금 우대와 예금자 보호 상품인지 여부를 확인하는 것은 필수다. 가끔 금융 기관에서 특판 상품과 같은 한시 상품이 나올 때도 기회다. 금리가 오를 것 같을 때에는 단기로 여러 상품에 가입하고, 금리가 떨어질 때는 장기로 단일 상품에 집중한다.

연말 소득 공제 상품은 반드시 가입하라

우리나라 소득세는 소득 금액이 높을수록 세금도 많아진다. 30대는 20대 때보다 소득이 높기 때문에 세금을 많이 내게 되며 이는 연말 소득 공제로 인한 연초 환급 수입을 많게 하려면 당연히 소득공제 혜택이 많은 금융 상품에 가입을 해두어야 한다. 따라서 20%의 소득세를 내는 봉급자인 경우 공제는 300만원 해준다는 이야기는 60만원의 세금을 덜 낸다는 의미다. 비과세 상품에 가입하면 기본 이자 외에도 소득 공제 금액인 60만원을 별도의 이자로 받았다고 생각할 수 있다.

 미용·성형·수술비용 등도 공제혜택

2009년 말까지 가입 가능한 비과세 상품으로는 장기주택마련 저축이 있다. 이는 여러 금융 기관에 여러 개의 장기주택마련상품 가입이 가능합니다. 즉 장기주택마련 상품의 계좌는 여러 개가 있어도 무관하다. 단, 가입 자격 조건이 있으며, 분기에 장기주택마련 통장 통틀어 300만원을 초과하여 저축하면 안된다. 연말 공제 가능 금액은 저축 금액의 40% 내에 300만원 한도이므로 월 62만5000원 납입하면 된다. 장기주택마련저축은 만 18세 이상 무주택자 또는 전용면적 85㎡(약25.7평) 이하의 1주택 소유자이면서 세대주에 한하여 가입이 가능하다. 2006년 12월 1일 지출분부터는 직불(체크)카드에 대한 소득공제율이 연 급여액의 15%를 초과하는 액의 20%로 상향조정돼 신용카드를 쓰는 것보다 소득공제율이 5%포인트나 높다. 또 2006년 12월 1일 지출분부터 소득공제 대상 의료비에 미용·성형·수술비용과 건강증진을 위한 의약품(보약 등) 구입비용이 추가됐다.

자녀 교육비 마련을 위한 상품

사교육비의 부담이 한국 사회에서는 결코 없어지기가 어려워 보인다. 우선 보험 상품이 장기적으로 유리하다. 물론 은행 적금도 있다. 교육 보험을 가입할 때 미리 화폐의 미래 가치를 확인하고 현재의 중·고·대학교의 평균 등록금과 비교한다. 실제 사교육비의 부담은 등록금이 아니라 학원 및 과외 비용이다.

기타

대출이 있다면 목돈이 생기면 무조건 먼저 갚아라. 어떠한 은행 금리도 대출 금리보다 높게 주기란 어렵기 때문이다.

대출 받았던 당시보다 금리가 낮아졌다면 기존 대출과 신규 대출간의 상호 교환하여 이자가 한 푼이라도 값싼 대출로 갈아타야 한다.

MMDA 통장을 이용하는 것도 좋은 방법이다. MMDA 통장은 일반 자유 입출금 금리보다 약간 이율을 더 준다. 하지만 은행별로 일정 기간 출금이 없는 계좌에 한하여 금리를 인정하는 것이 대부분이므로 약 1개월 미만의 목돈을 넣어둘 때 이용하는 게 좋다.

선택 가능한 금융상품

첫째, 간접 투자 상품

단리 적금 통장에 매월 적금을 부어 목돈을 만든다는 것은 이자율이 물가 상승률을 따라가지 못한다면 이론적으로 마이너스(-) 금리라고 할 수 있다. 이에 간접 투자 상품인 펀드 상품에 대한 관심이 높아졌으며 펀드 중에서도 적립식 펀드에 돈이 몰리고 있다.

적립식 펀드는 은행 상품으로 보면 적금과 같은 것으로 매월 적립한 금액만큼 해당 펀드 기준가로 나눈 펀드 좌수(펀드의 단위로 일반적으로 1좌에 기준가 1,000원이다)를 사 모으는 상품이다. 같은 금액을 적립하여도 당시 펀드의 기준가에 따라서 매수되는 좌수가 달라지게 된다. 적립식 펀드 중에 주식형(주식 투자 비중이 높은 펀드)에 해당하는 경우에는 최소 3년 이상 투자해야 한다고 생각해야 한다.

둘째, 보험 상품

20대에는 건강을 자랑하지만 30대부터는 건강을 20대만큼 자랑하지 못할 것이다. 이는 운동 부족, 스트레스 등의 많은 원인이 있겠지만 중요한 것은 30대도 안전하지 못하다는 것이다. 따라서 30대부터 만약의 상황에 대비를 해야 한다. 요즘에는 교통사고로 인한 소년소녀 가장이 늘어난다.

가입상품으로는 종신보험, 정기보험, 연금보험 및 상해, 질병 관련 보험 등에 관심을 가져야 한다. 최근 보험시장은 변액보험 시장이 급부상 중이다. 보험은 하루라도 일찍 가입하면 그만큼 보험료가 낮아진다는 사실을 명심해야 한다.

특히 자동차가 있다면 운전자 보험 등의 자동차 관련 특약 보험 상품에 가입하는 게 좋다. 사고란 절대 예고하고 오지 않으며, 내가 아무리 조심한다고 해도 상대방의 부주의로 사고는 생길 수 있기 때문이다.

셋째, 목돈운용방안

목돈을 운용 할 때는 운용 기간과 목적이 있어야 한다. 무조건 금리만을 쫓아도 별 무리가 없는 건 사실이지만, 한 번쯤 좀 더 멀리 본다면 더 나은 선택을 할 수 있기 때문이다. 재테크는 금융 상품을 고르는 시간은 최대한 갖는 대신 일단 결정을 하였다면 행동으로 옮겨서 유지하는 것이 중요하다.

30대의 목돈 운용의 목적은 집 마련을 위한 자금 설계가 가장 크다. 따라서 자금 설계는 계약금, 중도금, 잔금 순으로 운용 계획을 짜야 한다.

우선 20대에 모은 돈은 분양 가격의 40~50% 정도를 메울 수 있도록 불려야 합니다. 예를 들어 2억원 아파트 분양은 1억원 정도까지 목돈을 늘릴 수 있어야 한다는 뜻이다. 물론 자기 힘으로만 자기 집을 마련하고자 하는 경우다. 아무튼 일반적으로 청약하여 분양을 받는데 3~5년 정도로 걸린다고 본다면 일단 3년 만에 현재 가진 목돈을 1억을 만들려면 어떻게 해야 하는지 궁리해야 한다는 뜻이다.

방법이 없다면 집을 마련하는 시기를 좀 늦추어도 된다. 아무리 고수익의 유혹이 있더라도 원금 보전은 반드시 지켜야 하기 때문이다.

목돈을 집 장만에만 투자하는 것이 현실적으로 맞는 얘기이지만 인생이 돈을 모으는 목적으로 사는 것처럼 되어 버릴 수 있다. 가끔 열심히 돈을 모으던 사람이 어떤 계기로 낙향하여 돈보다는 삶을 즐기는 뉴스를 접하면 자신의 모습이 초라해 보일 수 있다. 어찌 보면 우리네는 서울이라는 곳을 기준으로 재테크를 하기 때문에 그렇게 할 수밖에 없을지 모른다. 아무리 집 장만이 급하고 남의 눈에는 성공의 지름길인 것처럼 여겨진다고 하더라도 목돈의 일부는 비상 상황을 준비해야 한다. 즉, 장·단기 효율적인 목돈 운용이 필요하다는 것이다. 그리고 목돈 운용을 은행 상품에 한정하지 말고 증권, 투신, 저축은행 등에까지 넓혀서 위험을 분산시키는 게 중요하다.

(3) 자녀 교육비 계획

아이들에게 들어가는 교육비가 해를 거듭할수록 많아지고 있다. 특히 30대 가정의 자녀라면 주로 유치원부터 중학교 정도를 다닌다고 볼 수 있다. 학원 한 군데만 다녀도 가계 운영에 커다란 변수가 된다.

자녀 교육비 마련을 위해 먼저 생각해야 할 것은 자녀 교육에 대한 예산 책정이다. 계획도 없이 돈이 있는 대로 혹은 남이 하는 대로 따라 한다면 교육비 마련을 위한 준비라는 것은 무의미하다.

계획이 세워졌다면 실행을 하기 위한 적금 혹은 보험 상품을 찾아야 한다. 물론 입출금이 자유로운 예금에 목돈을 넣어두고 이자를 받아서 교육비로 대체할 수도 있다. 실제로 계획을 세운다고 이에 맞는 금융 상품이 준비된 것은 아니다. 단지 계획이 있는 경우에 가계가 안정적인 자금관리를 할 수 있기 때문이다. 일반적으로 가계의 월 생활비에 사교육비가 20% 넘지 않도록 계획을 짜는 게 바람직하다. 실제로 어렵지만 말이다.

(4) 내 집 마련 재테크

2005년 통계청의 사회조사 통계에 의하면 30대의 자기 집 소유 비율은 39.3%다. 20대 자가 주택 소유 12.7%에 비하면 급격히 증가된 모습처럼 30대에는 자기 집에 대한 욕구가 그만큼 강하다는 것을 보여준다.

또한 결혼 가정 기준으로 30대 부부는 결혼 전 23.2%가 주택을 마련했으며, 결혼 후에는 5~10년 사이에 30.1%가 자기 주택을 마련한다. 주택마련자금은 부모님이 25.4% 지원하고, 자기 저축이 39.7%이며, 융자가 32.5%를 차지하였다. 원하는 주거는 아파트가 68%를 넘어섰다.

그러면 실제로 집을 분양 받는 데 과정별 필요한 금액은 얼마나 되는지 예를 들어 확인해 보도록 하자.

> 3년 뒤 분양을 받아 분양 후 2~3년께 입주할 경우(분양 가격 2억원)
> · 분양 시점 : 계약금 4,000만원(분양가격의 20%)
> · 중도금 : 분양 당첨 이후 3개월 단위로 분양가의 10% 납입
>   (분양가격의 60%인 1억2,000만원)
> · 잔금 : 입주 시점에 4,000만원(분양가격의 20%)

계약금은 무조건 필요하므로 자기 돈으로 처리하는 것이 좋다. 따라서 안정적인 수익률이 보장된 금융 상품에 투자하여야 한다.

적금 가입 시에 금리가 복리인지 단리인지 확인해야 한다. 적립식 펀드의 경우 채권형은 실제로 은행 적금과 같을 수 있기 때문에 한 번쯤 고려해도 좋다.

일단 계약금을 치렀다면 중도금이 가장 어려운 문제다. 3개월에 분양 대금의 10%라면 일반 월급쟁이가 월급으로 처리하기란 어렵다. 우선 중도금 6번 중에 처음과 마지막 2회 정도 본인의 힘으로 치른다고

생각하고 대출을 이용하는 것도 생각할 필요가 있다. 주변에 여유가 있는 지인이 있다면 대출 이자보다 싸게 돈을 융통해도 좋다. 은행 대출 외에 한국주택금융공사의 중도금 역모기지론이 괜찮은 방법이다.

중도금을 마무리하고 잔금을 붓는 시점 간의 시간을 미리 체크하시고 또 다시 적금을 모아야 한다. 하지만 말처럼 쉽지 않다.

결국 약 6년 동안 분양 대금을 모아야 하는데 위 사례의 경우라면 1년에 3,400만원 정도 모아야 하는데 쉬운 일이 아니다. 맞벌이를 하는 경우 좀 다를 수 있다. 아무튼 30대는 목돈운용은 순전히 주택 마련을 위해서 필요하므로 어찌 보면 20대에 목돈 마련이 그만큼 중요한 셈이다.

알아야 할 재테크 상식

30대는 20대보다도 더 아껴야 한다. 혼자 몸이 아니라 처 그리고 아이들, 나아가서는 부모님도 책임을 져야 하기 때문이다.

1. 무조건 금연하라

담뱃값이 평균 4,000~4,500원　정도인데 보통 하루에 반 갑을 피운다고 가정할 경우 1년이면 72만원~81만원이다. 물론 담배가 스트레스를 풀어준다고 생각하는 사람에게는 스트레스 쌓이는 것보다 흡연이 좋다고 생각할 수 있다. 하지만 흡연은 어떠한 이유에서도 건강에 이로운 것은 절대 아니다. 오히려 같은 비용이라면 그 비용으로 운동을 하기 바란다.

2. 음주 횟수를 줄인다

술은 적당히 먹으면 약이고 많이 먹으면 독이라는 음식이다. 하지만 안 마시면 약도 독도 아니니까 약이 될 거라는 생각으로 마실 필요는 없지 않을까. 술값은 담뱃값과는 차원이 다릅니다. 따라서 무조건 술 마시는 횟수부터 줄여야 한다. 뉴스에서 종종 나듯 우리나라 40대 성인이 암으로 가장 많이 사망한다. 술은 곧 간과 관련 있다. 간은 손상되는데도 오랜 시간이 걸리지만 한번 손상되면 회복이 쉽지 않다. 술은 멀리하면 멀리 할수록 좋다.

3. 대중교통 이용을 생활화 하자

우리나라 가정의 가장 큰 어리석음은 자동차에 대한 욕심이라는 것이다. 물론 필요한 경우에는 있어야 하지만 1년에 자동차 한 대를 유지하는데 들어가는 비용을 생각해 보면 눈이 휘둥그레진다. 자동차를 사게 되면 무려 12가지의 세금을 내야 한다. 자동차를 살 때 특별소비세 등 6가지 세금을 납부하고, 자동차를 굴릴 때 2가지 세금을 내며, 기름값에 4가지 세금을 추가로 낸다. 이 과정에서 교육세는 무려 3번이 부과된다. 특소세에 교육세가 붙고 자동차세에 교육세가 30% 얹히며 휘발유 특소세에도 15%의 교육세가 부과된다. 세금 외에 보험료 및 부품 정비에 들어가는 비용을 다 합치면 부담스러울 정도다.

4. 가족 성숙기

(1) 30~50대, 삶의 무게가 점점 무거워진다

가정을 꾸리고 가족이 생기고 정말 정신없이 몇 년이 흘렀다. 첫 아이 출산 이후 가장으로서의 책임감과 무게를 점점 막중하게 느끼게 되는 시기. 이젠 식구도 늘었고 취학아동이 생기면서 본격적인 목돈마련에 욕심을 내고 있다. 결혼 초부터 세운 재테크 계획으로 작은 아파트가 한 채 있지만 인테리어도 바꾸고 몇 년 후엔 집 크기도 다소 늘려보고 싶기도 하다.

이렇게 30대 중반이 넘어서면 신경 써야 할 게 한두 가지가 아니다. 자녀교육자금이 본격적으로 들어가기 시작할 때인데다 장래에 지출될 뭉텅이 자금에 대비해 목돈마련에도 욕심을 낼 시기이기 때문이다. 또한 이미 내 집을 갖고 있더라도 집 크기를 늘려보고 싶을 때이기도 하다.

재테크 목적은 자녀 교육비 마련과 목돈 마련 및 집 평수 늘리는데 있다.

장학적금으로 자녀 교육비 마련

장학적금은 절세 효과가 뛰어나다. 모든 은행에서 취급하며 1~5년까지 월 단위로 가입할 수 있고 은행마다 다르지만 미취학 아동이나 초등학생은 최고 100만원까지 가입이 가능하며 중·고등학생은 최고

200만원까지 가입할 수 있다.

중대형 아파트를 원한다면 청약예금이 유리

청약예금 가입과 함께 관련 부동산 정보에도 꾸준히 관심을 가질 필요가 있는데 두 가지 정도의 구체적인 방법을 살펴보면 다음과 같다.

첫째, 청약부금에 가입한 후 2년이 지나면 원하는 평수에 맞춰 청약예금으로 전환하는 것이다. 주택청약예금에 가입하면 전용면적 25.7평 이하는 물론 그 이상의 대형 아파트까지 청약할 수 있으나 주택청약부금은 전용면적 25.7평 이하 아파트만 청약할 수 있다.

그러나 청약부금에 가입해 2년이 경과하여 청약 1순위 자격을 취득한 뒤 청약예금으로 전환하면 기존 청약부금 가입자에게도 25.7평을 초과하는 대형 아파트를 청약할 수 있는 자격이 주어진다.

청약부금에 가입해 2년이 경과하고 불입액이 지역별 청약예금 해당 금액(지역별로 다름) 이상이 되면 청약부금을 해지해 변경하고자 하는 평형별·지역별 예치금액에 해당하는 청약예금으로 할 수 있을 뿐 아니라 청약부금을 가입한 날로부터 가입기간을 다 인정 받아 약정이율을 받을 수 있다.

청약부금을 청약예금으로 전환한 뒤 전용면적 25.7평 이상의 대형 아파트를 청약하기 위해서는 변경 일로부터 1년이 지나야만 청약이 가능하다.

둘째, 작은 평수의 청약예금에서 넓은 평수의 청약예금으로 전환하는 방법이다. 청약예금은 지역별 해당 예치금액을 가입하고 6개월이 지나면 2순위, 2년이 지나면 1순위 자격이 주어진다. 청약예금에 가입해 2년이 경과하여 청약 1순위 자격을 취득한 뒤보다 더 큰 평형의 아파트 청약을 원할 경우에는 평형별·지역별 예치금액에 맞는 금액을 예치하면 큰 평수에 해당하는 청약예금으로 변경할 수 있다.

큰 평형에 맞는 청약예금으로 전환한 뒤 변경 일로부터 1년이 지나야만 청약이 가능하다.

노후설계를 위해 목돈을 마련하라

40대에 들어서 중반에 이르면 경우에 따라서는 명예퇴직 등 뜻하지 않은 사태에 대비해야 하고 멀지 않아 자녀의 혼사문제도 적지 않은 부담으로 다가온다.

나이가 들면서 전에는 없던 잔병치레를 하는 등 질병·사고에 대비해야 할 필요성도 느끼는데 노후설계를 본격적으로 시작해야 하는 시기인 것이다. 따라서 이 시기엔 무리한 투자는 금해야 한다. 여유자금으로 주식투자를 한 번 해보는 것도 좋지만 일정한도의 수익률을 정하고 과욕을 갖지 말아야 하며 예금, 부동산, 주식 등으로 분산 투자하는 게 바람직하다.

또한 퇴직 이후를 대비해 자금을 마련하는 것은 의무적이다. 노후설계에는 개인연금신탁이 유익한데 이 상품은 사실 노후에 가입하기보다는 젊었을 때부터 착실히 가입해 노후생활 자금으로 활용할 수 있도록 하는 게 훨씬 유리하다.

개인연금과 더불어 기업연금보험, 국민연금보험도 함께 준비하는 것이 좋다.

여유자금의 효과적인 운용을 위해 월 복리신탁과 세금우대 상품을 적절히 결합해보는 것도 도움이 된다. 자녀의 혼사 등에 대비해 거액의 여유자금을 일시적으로 묻어둘 생각이라면 은행의 MMDA(수시입출금식 예금), 종금사의 CMA(어음관리계좌)나 SMMF(초단기 금융상품) 등에 가입하는 것도 좋은 방법이다.

 이것만 지키면 재테크 UP

첫번째 원칙 : 소득의 30% 정도는 저축하자
- 자녀가 성장해 진학을 거듭하고 안정적인 가정을 꾸릴 때이므로 월 소득의 30%는 무조건 저축하는 습관을 갖는 게 최선이다.

두번째 원칙 : 비과세 및 세금우대 상품을 최대한 활용하자
- 저축 및 예금 상품 중 아무리 강조해도 지나치지 않는 것이 절세 상품의 활용이다. 비과세 금융상품으로는 근로자 우대저축 및 신탁 상품, 개인 연금신탁, 장기 주택마련 저축 등이 있으나 모두 별도의 자격요건에 제한이 있어(특히 연간 급여의 제약) 가입하기가 쉽지 않고 많은 금액을 저축할 수도 없다.
- 기존에 가입한 비과세 상품은 그대로(되도록 만기까지 최대가능 금액으로) 유지하고 여유가 좀 생긴다면 세금우대 저축에 가입하는 것이 차선책이다.
- 여유가 있으면 주식, 채권, 부동산 등 다양하게 포트폴리오를 구성할 필요도 있으나 금융소득종합과 등에도 신경을 써야 하며 주거래 은행 관리도 철저히 해야 한다. 거래가 많을수록 대출 부대 서비스 등에서 갖가지 혜택을 받을 수 있기 때문이다.

(2) 이런 금융상품은 꼭 가입하라

40대가 고민할 부분은 노후와 자녀 교육비, 자녀 결혼 자금 준비, 건강 관리 등을 꼽을 수 있다. 해마다 평균 수명이 늘어나고 있지만 국민연금은 더 이상 의지할 게 못되고, 그러다 보니 재테크에 대한 관심이 갈수록 높아지는 게 요즘 모습이다. 이런 현실을 감안하여 다양한 금융 정보에 대한 욕구가 커지는 것은 당연한 결과다.

노후를 위한 개인연금과 종신 보험

현재 개인들이 노후에 가장 원하는 재테크라고 한다면 월 고정적인 생활비를 받을 수 있는 것이다. 현재 국민연금을 의무적으로 가입하고 있지만 그것만으로는 부족함을 느끼는 것이 현실이다. 따라서 별도의 개인연금을 추가로 가입해 둘 필요가 있다.

연금저축 관련 상품은 은행, 투자신탁, 증권사, 우체국, 보험, 농·수·신협 중앙회에서 취급하고 있으며 계좌 수와 관계없이 분기 300만원을 초과하지 않으면 된다. 2006년부터 퇴직연금 불입액에 대한 소득공제가 추가로 허용되고 있다. 따라서 기존 연금저축불입액(연간한도 240만원)과 통합해 운영되며, 이에 따라 연간한도도 300만원으로 늘어났다.

가입 이전에 계산기를 통해서 미래에 받을 수 있는 월정액이 얼마인지를 확인하고, 특히 미래 가치를 현재 가치로 환산하여 가늠해 보는 것이 중요하다. 종신보험의 경우 자신은 보험금을 활용하지는 못하지만 남아 있는 가족을 위한 생계로 유용하다.

펀드로 목돈 만들기 도전

자녀 교육비는 주로 대학교 학비가 걱정스러울 것이고, 결혼 비용은 아들의 경우에는 집 마련이고 딸인 경우에는 상대에 따라 혼수 비용이 다르기 때문에 가늠하기가 어렵다. 결국 시간을 두고서 목돈을 마련하는 방법이 필요한데 적금 금리는 안정적이기는 하지만 이자율이 만족스럽지 못하다.

이럴 때 적립식 펀드에 관심을 가져보는 게 좋다. 적립식 펀드는 일반 은행 적금처럼 매월 일정금액 이상을 자유로이 적립할 수 있는 펀드이며 주식형, 혼합형, 채권형 등의 여러 유형의 펀드가 있다. 일부 펀드는 가입 이후 펀드 유형을 바꿀 수 있는 옵션도 있으므로 간접 투자 상품에 관심을 가져볼 만하다.

주식형 적립식 펀드는 주가가 낮을 때 많이 사고 주가가 높을 때 적게 사면서 펀드 계좌수를 늘려가는 형태인데 보통 3년 이상 가입을 하면 유리하다.

저율과세 상품에 가입

저율과세 상품은 농특세 1.4%만 과세하는 상품으로 세금 우대 상품 가입처럼 적·예금 가입 시에 창구에서 말하면 가입 가능하다. 모든 금융기관에서 가입할 수 있는 것이 아니라 농·수협 단위조합, 신협, 새마을금고에서만 취급한다. 저율과세인 조합 예탁금은 농어민 및 저소득근로자는 완전비과세를 2009년까지 유지하되 금액을 1,000만원까지만 비과세하며, 1,000만~2,000만원은 5%의 세율을 부과한다.

또 2010년 이후에는 일괄적으로 9%의 세율을 적용한다. 물론 일반 조합원의 경우에도 2009년까지 1,000만원에 대해서는 1.4%의 이자 소득세를 적용한다. 단, 가입 시에 조합원 신청을 해야 하고 회비를 내야 한다. 회비는 1만원 미만이 대부분이며 상품 만기 시에 돌려준다.

건강을 위해서는 운동과 질병 보험

우리나라 40대의 사망률이 세계에서 가장 높다는 말은 어제오늘의 이야기가 아니다. 이는 원인이 무엇이냐를 떠나서 스스로 위험한 40대를 무사히 넘기는 것이 필요하다. 그러기 위해서는 건강 관리가 최우선. 기본적으로 체력 유지를 위한 운동이 필요하며, 상해 보험보다는 질병 관련한 보험을 미리 가입해야 한다.

(3) 선택 가능한 금융상품

40대는 자산 관리를 안정성과 수익성을 동시에 따져야 한다. 안정성만을 갖고 은행 상품만으로 포트폴리오를 짠다면 뒷날에 후회할 수 있기 때문이다. 따라서 40대는 금융 정보에 많은 관심을 가져야 한다. 책을 사보는 것은 물론이며, 타인의 성공 경험을 들어보는 것도 방법이다. 또한 기회가 될 때마다 금융 전문가와 잦은 정보 교환도 필요하다.

직 · 간접 투자 상품에 관심

새로운 분야를 익힌다는 것은 나이에 관계없이 어려운 일이다. 하지만 노력하지 않고 남보다 앞선 재테크를 할 수 없다. 우선 펀드에 대한 지식을 습득하는 게 좋다. 실제로 펀드 상품을 가입하려면 기본적으로 채권과 주식을 알아야 한다. 그래야만 자신만의 맞춤 상품 선택이 가능하기 때문이다.

"원금 보장이 되지 않는다"는 사실에 아예 관심조차 두지 않는다면 저금리시대에 금융 상품으로 돈을 불리기란 어렵다. 주식 역시 모르는 게 약이 아니다. 주식투자 방법을 알아두면 은행에서 받고 있는 이자율이 얼마나 낮은 건지 알게 된다. 물론 섣부른 투자는 절대 금물이다. 주식 투자는 웬만큼 실력이 쌓이기 전에는 직접 투자를 피하고 간접 투자로 은행보다는 나으면서 안정적인 펀드 투자를 시작하는 게 좋다.

경매에도 관심

경매는 전문가들이나 하는 영역이라고 생각하는 사람들이 많다. 또 경매 물건은 좀 개운치 않다고 생각하는 사람도 있다. 이유야 어떻든 간에 위와 같은 선입견은 바람직하지 않다. 특히 경매에 참여하는 것이 마치 남의 물건을 헐값에 빼앗는 거로 생각하면 안된다. 경매는 엄연히 국가 기관에서 적법한 절차에 의해서 행사되는 것이며 흔히 주택 마련을 위해서 일반인들이 경매에 관심을 많이 갖는다.

경매를 하려면 일단 가까운 법원에 가서 다른 사람들이 하는 것을 관찰하라. 그리고 서적 및 경매 특강에 참여해 기초 지식을 쌓아라. 그 후에 소규모 금액을 가지고 실전에 참여해 보기 바란다. 100번 보는 것보다 1번 직접 해보는 것이 더 도움이 된다. 경매에서 정보는 많이 듣되 정보와 루머에 휩싸여 경매 물건에 뛰어들어서는 안된다.

경매와 관련해서는 대법원 법원 경매(www.courtauction.go.kr) 홈페이지를 이용하면 편리하다.

절세 정보에 관심

우리 생활에서 세금은 죽는 순간까지도 붙어 다닌다. 부자가 일반인과 다른 가장 큰 부분도 세금을 잘 이용한다는 것이다. 일반인들의 경우에는 아무렇지 않게 세금을 내지만 실제로 조금만 신경을 쓰면 절세만으로도 짭짤한 돈을 만질 수 있다.

예를 들어 증여를 하는 경우에는 증여세 부담이 없는 정기적 증여를 하곤 한다. 보험 가입을 자신 이름이 아닌 소득 있는 자녀, 부인 이름으로 가입한다든지, 비과세 상품을 반드시 가입하는 모든 것이 조금이라도 세금을 아끼려는 전략이다. 샐러리인 경우에는 반드시 소득공제에 항상 관심을 가지시기 바란다.

세금과 관련해서는 국세청(www.nts.go.kr)와 한국조세연구원(www.kipf.re.kr) 홈페이지를 참조하기 바란다.

(4) 목돈 운용 방안

40대는 목돈을 굴리고 동시에 목돈을 더 모아야 한다. 한마디로 발에 땀나도록 돈을 벌고 머리에 땀나도록 목돈을 불려야 한다는 것이다. 왜냐하면 그만큼 중요한 시기이기 때문이다. 목돈을 운용하는 데에는 가장 먼저 기간과 용도 및 목표 수익률을 정하는 게 키포인트다. 기간은 단·중·장기로 나누어야 하고 기간에 따른 용도와 수익률이 정해야 한다. 40대는 안정성 자산에 50%, 고수익률 자산에 50% 정도가 적당하다.

실제 고수익률 자산이라고 해서 직접 운용을 하는 건 아니라 펀드 중에서도 혼합형 펀드 혹은 주식형 펀드에 투자하는 것을 말한다. 왜 40대에 자산에 리스크를 지녀야 하는 지 묻는다면 안정 자산만으로는 노후 및 자녀 교육비, 결혼 자금 설계가 어렵기 때문이다. 40대는 아직 2% 부족하다. 더 모아야 한다.

단기 운용

단기 운용은 갑작스러운 급전을 대비한 것이므로 운용하고자 하는 총목돈의 10~20% 범위의 금액이면 적당하다. 기본적으로 안정적이며 언제든지 입출금이 가능한 상품이 좋다. 따라서 주로 채권에 투자를 하는 RP, MMDA, CMA가 적당하다.

 세금우대저축은 이래서 좋다

상호저축은행이 시중은행보다 조금 더 높은 금리를 주고 있는데 상호저축은행의 예금을 가입할 때에 세금우대로 가입하면 일반 세율인 15.4% 대신 우대 세율인 9.5%가 적용되어 더 높은 금리를 받으면서 낮은 세율을 적용하게 되므로 그 만큼 이자수익을 올릴 수 있는 효과가 있다. 단, 예금자 보호 범위가 1인 기준 5,000만원까지이므로 이자 발생까지 감안하여 통상 원금 4,500만원 이하로 예치하는 것이 바람직하다.

중·장기 운용

중기와 장기는 기간을 나누기 다소 애매할 수 있지만 일단 1년 이상
~3년 이내를 중기라고 보고 3년 초과를 장기라고 생각하고 전략을 짜
볼 필요가 있다.

중기 전략은 단기보다는 긴 기간으로 보고 운용 금액은 총 운용 금
액 대비 약 30% 정도로 보면 된다. 일반적으로 목돈을 굴리는 상품은
기간과 금액의 제한이 있을 수 있으므로 나누어서 운용하여야 한다.
금리 상승 시기에는 짧게 운용하고 금리가 하락할 경우에는 장기 운용
에 투자하는 것이 유리하다. 단기 운용 외에도 목돈이 더 필요할 수 있
으므로 대출 연동 서비스가 되는 지를 확인하는 것도 좋은 방법. 펀드
중에서 3년 이내 환매 가능한 펀드를 선택하고 펀드 유형을 중간에 스
스로 조정할 수 있는 펀드에 투자하는 게 좋다.

장기 전략 역시 펀드 투자가 유리하다. 장기 투자의 경우에는 주식
시장이 불황일 경우에는 주식형 펀드에 가입하고 주식 시장이 활황인
경우에는 혼합형 펀드에 가입하는 게 방법이다. 실제로 주식 시장의
주기가 빠르면 3~5년 정도인데 주식형 펀드를 가입하고자 할 경우에
는 비록 장기일지라도 주가 바닥권에서 약 3년 정도를 내다보고 투자
하기 바란다. 여유가 된다면 추가 적립 가능한 연금 보험에도 관심을
가져볼 만하다.

(5) 자녀 교육비 계획

40대 가정의 자녀는 주로 중·고등학생이 주축이다. 지난해 통계청

자료에 월급의 15% 정도를 교육비로 지출한다고 한다. 연봉이 5,000만원이라고 가정할 경우 월 세금 떼고 350만원 정도를 가져간다면 월급의 15% 정도가 교육비로 지출된다고 볼 수 있다.

일단 40대 교육비 마련은 중·고등학교의 문제가 아니라 대학교 등록금이 핵심이다. 1년에 2회 등록금이 필요한데 현재 기준으로 연간 1인당 800만~1,000만원 정도라면 2명이 대학을 다니면 연간 학비만으로 2,000만원이 소요될 수 있다. 아무튼 월급으로 등록금을 전액 책임지기에는 무리다. 지금 자녀가 대학을 가기까지 남은 기간과 현재 등록금에 대한 미래 가치를 확인하여 예상 필요 자금을 설계해야 한다.

문제는 동시에 대학을 다닐 경우가 부담이 되므로 실제 40대에 자녀 교육비 계획을 세운다는 것은 늦은 감이 있다. 학비 마련을 위한 투자 상품으로는 수익률이 들쭉날쭉 하는 금융 상품은 적합하지 않다. 반드시 안정적이고 확정 금리 상품에 투자해야 한다. 정 어려울 경우에는 학자금 대출을 받는 방법도 있다.

(6) 새로운 JOB 계획

기존의 일을 버리고 새로운 일을 한다는 것은 매우 큰 위험이 있다. 따라서 직장을 옮긴다거나 다른 직업을 갖기 전에는 주위의 많은 조언을 듣고 결정해야 한다. 40대가 투잡(Two Job)을 하려면 직장생활을 통해 쌓은 전문성을 십분 활용해야 한다.

그 동안 해왔던 업무의 연장선상에서 새로운 일을 찾는 게 좋다. 만약 다소 생소한 분야의 창업을 생각하고 있다면 자신의 적성이나 인간 관계 등을 먼저 따져봐야 한다.

가족끼리 인터넷 쇼핑몰을 만들자

요즘 인터넷 쇼핑몰 시장이 인기가 높다. 쇼핑몰 하나를 개업하는 데 투자 금액이 매우 적다는 것 때문이다. 일단 아이템은 가족이 모두 해 볼 수 있는 물건이 우선이고, 그 다음으로는 주부가 할 수 있는 상품으로 고르는 것이 좋다. 현재 우리나라 인터넷 쇼핑몰 창업을 보면 주부가 높은 비율을 차지하고 있다. 화장품, 옷, 웰빙 제품 등이 인기몰이에 나서고 있는 중이다. 가족이 모두 참여하게 되면 많은 아이디어와 일손을 줄일 수 있는 장점도 있다.

주말 공동 창업도 방법

주5일 근무제가 확산되면서 주2일 정도는 시간이 남을 수 있다. 이와 더불어 투잡스에 대한 욕구가 커지면서 공동 창업에 대한 관심이 높아지고 있다. '사오정' '오륙도'란 말에서도 알 수 있듯 언제 직장을 그만둬야 할지 모르는 상황에서 직장인들의 '투잡스'에 대한 욕구는 높다. 그러나 말이 투잡이지 직장인이 자기 일을 하면서 동시에 가게를 꾸려나가기란 쉽지 않다.

이럴 경우 전업으로 할 수 있는 사람과 함께 시작하고, 대신 직장을 가진 공동 창업자는 밤이나 주말에 와서 조금씩 도와주거나 아예 운영에는 참여하지 않고 이익만 나누는 형식을 고려해볼 수 있다. 단, 공동 창업은 장사가 잘 되고 높은 수익을 올릴 수 있으면 문제가 없지만 자칫 장사가 잘 안될 경우에는 서로 간에 불화가 생기고 이 때문에 결국 실패로 이어질 확률이 높다는 사실 또한 알고 있어야 한다.

유용한 창업 아이템

교육 사업은 육아나 살림과 병행할 수 있고 창업비용에 대한 부담도 적은 편이다. 전문성을 길러 장기적으로 하기에 유리하다는 점도 선호되는 이유다. 교사가 직접 방문해 미술을 지도하는 방문 미술지도 사업이나 교구를 활용해 창의력을 길러주는 교구활용 홈 스쿨도 교육에 관심이 많은 여성이 창업하기에 좋다.

청소, 세탁 등 서비스업은 무거운 장비를 사용하고 험한 일이라 생각되지만 주요 고객인 주부는 남자 서비스업자보다 여성을 선호하는 사례가 더 많다. 청소업을 선택한 주된 이유는 초기 자본이 적게 들고 장기적으로 성장성이 높아 노후 대비에 유리하다는 것이다. 근무시간이 자유로운 점도 장점이고, 작업 일이나 횟수를 조정할 수 있고 일하는 시간도 하루 8시간이 넘지 않아 가정생활에도 무리가 없는 편이다. 일을 마친 후 가사 일을 하는 것은 남편과 아이들이 도와줄 수 있다.

알아야 할 재테크 상식

1. 건강이 자산
40대에는 건강이 곧 돈이다. 담배나 술의 비용을 줄이고 가족 모두가 가까운 산이나 공원에서 함께 운동도 하면서 가족 간의 시간을 갖는 생활이 필요하다.

2. 절약하는 생활 자세가 필요
자녀에게는 아끼라고 하며 자신에게는 관대하면 안 된다. 부모 스스로 먼저 아끼는 모습을 보여주어야 한다. 아들은 전기절약, 딸은 수도 절약, 어머니는 가스 절약, 아버지는 기름 절약 등등 가족 간에 각자의 임무를 맡겨서 많이 아끼거나 좋은 절약 아이디어를 인정해서 매월 상금을 주는 것도 좋다. 어머니는 반드시 가계부를 쓰는 습관을 길러야 한다.

3. 약간의 여유자금으로 별도의 재원 마련
항상 명절과 제사가 있는 달에는 생활비에 영향을 준다. 이는 매년 어쩔 수 없다고 하지만 가정에서 일정한 규칙을 만들어 어길 시에는 벌금을 모으거나 매월 일정 금액을 적립하면 큰 힘이 될 수 있다. 특히 부모님의 환갑, 칠순 등의 가족 경조사가 있는 해에는 반드시 사전에 목돈 마련을 위한 준비가 필요하다.

4. 휴가보다는 적당한 휴식으로 대체
언제부터인가 우리나라 가정이 여름휴가를 해외로 나가거나 바캉스를 다녀오는 것이 일반화 됐다. 물론 여유가 있다면 가능한 일이지만 여유가 없거나 남이 가니까 하는 심리로 덩달아 휴가 때 돈을 쓴다면 바람직한 모습은 아니다. 휴가를 다녀오지 말라는 말은 절대 아니다. 다만 진정으로 어떻게 보내는 것이 알뜰한 휴가인가를 생각해 보라는 뜻이다. 남이 하는 대로 따라 하는 것이 부자가 되는 길이 아니라 부자가 하는 대로 따라 하는 것이 중요하다. 부자는 목표를 달성한 뒤 인생을 즐기는 편이다. 결코 즐기면서 부자가 되는 일은 매우 희박하다.

5. 50대 이후 노후대책

아이들 결혼만 끝나면 남은 건 부부의 노후뿐이다. 숨 가쁘게 달려 왔지만 손에 남은 건 별로 없다. 그러나 화목한 가정과 건강한 식구가 가장 큰 재산이란 걸 알고 있다. 아직 일 할 기회는 남았기 때문에 멈추지 않고 부지런히 살려고 한다. 국민연금, 개인연금이 있긴 하지만 노후준비에는 턱없이 부족한 것 같다. 조금 더 젊었을 때 불입액을 높여 놓을걸. 아직 늦지 않았다고 생각하고 정년 후 해외여행에서 손주 선물을 고르는 아름다운 모습을 그려본다.

평균 수명이 늘면서 60대가 넘어서도 자신의 일을 가지고 힘차게 생활할 수 있다. 지금부터 시작이라는 생각으로 못다 이룬 일을 실행 해도 늦지 않다. 자녀의 학자금 및 결혼자금을 위해 어느 정도 유동성 을 확보해야 하고 나머지는 노후준비에 집중하라. 풍요로운 노후에 더 해 욕심을 낸다면 어느 정도 유산을 생각할 수도 있기 때문이다. 이제 부터는 자산불리기 보다는 자산관리에 충실해야 하므로 리스크 자산 에는 투자 금물이다. 사금융이나 벤처투자, 창업 등 유혹이 많겠지만 안전성 위주의 포트폴리오를 견고히 유지해야 한다. 공적연금에 더해 개인연금 및 정기예금, 채권이자 등 퇴직 후 정기적인 소득원을 마련 해 놓는 것이 안심되며, 자녀를 위해 종신보험에 가입하는 것도 좋다. 이때는 자산관리에 손이 덜 가도록 장기 투자가 바람직하다. 전문가의 도움을 받는 것은 좋지만 일임하지는 말라. 또한 사회와 남을 생각하 는 여유도 가질 때다.

도움되는 노후 재테크

1. 선 안정 – 후 수익 추구가 최고
직장을 가지고 생활하던 때와 달리 수입이 적거나 혹은 전혀 없기 때문에 원금은 보전하고 이자로 생활한다는 재테크가 기본이다. 따라서 수익성 보다는 안정성에 초점을 맞추는 전략을 가져야 한다.

2. 특화 상품을 노려라
노후생활연금신탁, 보험, 개인연금신탁, 투자신탁 등의 상품 가입도 좋다. 특히 개인 연금신탁은 비과세 혜택에다가 연말소득공제까지 있어 좋은 재테크 상품이다.

3. 보험에 가입하라
노후의 의료비에 대한 부담을 덜 수 있다. 만 60세 이전에 생명보험에 가입하고 나머지 여유자금으로 윤택한 생활을 하는 것도 좋다. 건강이 있어야 인생이 재미있다.

4. 지출이 필요한 시기에 맞춰 금융상품을 설계하라
생활에 필요한 비용을 정하고 이자로 이를 충당한다. 나머지 금액은 만기에 일시에 이자를 받는 상품을 선택한다.

5. 목돈 굴리기 방법을 연구한다
금리 상승기에는 단기 투자를 초점을 맞추는 동시에 MMDA, CMA, SMMF 등의 금융 상품에 관심을 기울인다. 반대로 금리 하락기에는 장기 투자를 바탕으로 확정 금리 상품이나 장기채권이 바람직하다.

6. 비과세상품의 특별중도해지
퇴직자라고 밝히면 비과세저축이나 개인연금신탁의 중도해지 때 손실을 최소화 할 수 있다. 또 중도해지수수료 없이 실적배당도 받을 수 있다.

7. 분리과세 상품으로 세금을 줄인다
금융소득이 4,00만원 이상이면 높은 세율 적용을 받지만 분리과세를 선택하는 경우 최소 10%포인트 낮은 세율을 적용받게 된다.

(1) 퇴직금 재테크

퇴직, 아직 해야 할 일이 많이 남아 있는 인생을 지금 손에 쥐고 있는 퇴직금으로 모두 커버할 수 있을까? 그렇다고 주식같이 위험한 데 투자할 수도 없고, 너무 장기간 돈을 묻어두어야 하는 부동산에 투자할 수도 없다. 은행이자로는 아무래도 힘들 것 같다. 어쩔 수 없이 창업을 해야 할 것 같다. 어떤 아이템이 좋을까?

퇴직을 앞두고 있거나 퇴직을 한 때에는 공격적 투자 보다는 방어적 투자 자세가 필요하다. 근로소득이 있을 때에 비해서 안전성에 더욱 비중을 두는 것이 바람직하다는 이야기다. 실제로 가지고 있는 재산이 얼마 되지 않고 사업경험이 없음에도 불구하고 사업을 시작했다가 실패하면 가계에 큰 타격을 줄 수 있기 때문이다. 퇴직 후에도 생활비를 줄이기는 어려우므로 재산 관리 못지않게 새로운 수입원을 찾는 것도 매우 중요하다.

이러한 고민을 해결하기 위해서는 안정적인 재테크가 필요하다. 구체적인 내용으로 퇴직금은 이자 지급식 금융상품을 이용하는 방법과, 사업은 소규모로 하되 퇴직금의 50% 이상을 투자하지 말 것, 재테크에 자신이 없으면 연금저축제도를 이용하라는 것이다. 이자 수입으로 만족할 수 없다면 전체 자산의 30% 내외에서 주가지수연동예금(ELD), 주가지수연계증권(ELS) 등에 투자하는 것도 방법이다. 7~8%의 수익률을 추구하면서 원금 손실 위험을 크게 낮춘다. 그리고 자녀들의 결혼이나 학자금, 노후 생활 여유자금을 잘 생각해 계획적인 지출이 될 수 있도록 미리미리 준비하는 것도 좋다. 수입이 있을 때보다 없을 때 재테크에 더 관심을 기울여야만 한다.

(2) 퇴직금의 투자포트폴리오

앞으로 2~3년간의 생계대책을 위한 최소 필요자금은 우선 재테크 대상에서 제외하고, 이들은 안정적인 자금운용을 통해 생계유지가 가능하도록 해야 한다. 만약 지금 손에 있는 퇴직금이 앞의 욕구를 충족시켜줄 정도의 돈이 안 되거나 그 정도에 불과하다면, 달리 재테크를 고려하기보다 적극적인 창업이나 재취업이 불가피할 것이다.

남아 있는 라이프(자녀결혼, 자녀교육, 노후생활 등)를 점검하라

앞으로 자녀들의 남은 교육과 그 애들의 결혼은 어떻게 할 것인가? 얼마나 필요할까? 달리 해결할 방법은 없을까? 다각적인 검토가 필요하다. 이런 문제들을 해결하기 위한 최소 필요자금 규모를 우선 산정하고, 이러한 돈들은 가능한 안정적인 이자가 지급되는 상품에 투자하는 것이 좋다.

적극적인 재테크 전략

자녀 결혼을 이미 마쳤거나 혹은 약간의 여유 자금이 있을 경우 적극적인 재테크 전략을 피는 것이 좋다. 자녀에 대한 부담에서 벗어나 이제 경제적으로 여유로운 노후 생활을 즐길 수 있는 기회이기 때문이다. 그러나 고위험이 있는 공격적인 투자는 피해야 한다. 최소한 원금을 보전할 수 있는 방법이 최선이다.

또 2~3년 정도의 여유자금이 확보되면 주식투자도 좋다. 이때는 비상장주식부터 거래소에 상장되어 있는 주식을 모두 투자대상으로 하고, 2~3년 뒤에 가장 전망있는 산업을 찾아본 후, 경영자의 경영능력을 점검하고 재무구조 등을 감안하여 투자결정을 내린다. 적당히 아무거나 사는 것이 아니라 창업하는 마음으로 세밀하게 조사활동을 하는 것이다.

창업은 6개월 이상 준비해야

창업을 계획하고 있다면 최소 6개월 이상 시장조사 및 자금계획을 세우고, 전문가들의 조언을 받아 창업해야 한다.

창업할 때 처음에 고려하지 못한 갖가지 문제점들이 나타날 확률이 높으므로 다각적인 검토를 하고, 특히 충분한 시장조사와 거의 완벽한 자금계획의 검토가 중요하다. 사전에 창업준비과정의 교육을 받는 것도 좋다.

(3) 새로운 사업 준비하기

"정년퇴직? 그건 규정에나 있는 단어일 뿐 언감생심 꿈도 못 꿀 얘기다. 구조정이다 뭐다 해서 회사도 뒤숭숭한데, 나도 언제 비자발적 실업자가 될지 모를 일이다. 한살이라도 젊을 때 내 사업을 시작해 볼까? 쓸 만한 아이템이 있긴 한데, 밑천이 있어야 저질러나 보지..."

직장인으로 안주하다가 자의든 타의든 자기만의 사업을 시작하기가 쉽지 않다. 사업이란 게 막상 생각만큼 호락호락한 일도 아니고 무엇보다 자금조달에서부터 막연하다. 그러나 본인의 의지가 이미 섰고, 성실성만 입증된다면 그리 어려운 일도 아니다. 최근에는 저리의 국책 자금도 많이 나와 있어 한결 출발이 가볍다. 그러나 돌다리도 두드려 보는 신중한 검토와 세심한 노력이 절대적으로 필요하다. 내 사업이란 월급쟁이와는 달라서 그 결과가 극명하게 드러나기 때문이다.

 창업 관련 사이트

인쿠루트(www.incruit.com) : 각종 창업 아이템별로 정보가 정리되어 있고, 창업절차 및 인허가제도 등 창업가이드와 사업자 등록절차 등이 잘 안내되어 있다.

한국 소호 진흥협회(www.sohokorea.or.kr) : SOHO 창업과 관련된 뉴스와 창업 아이템은 물론 창업에 필요한 세무, 마케팅, IP사업에 관한 각종 정보가 잘 구축되어 있다.

두레(www.dure21.com) : 창업상담, 창업뉴스 및 각종 창업정보와 창업전문가 칼럼, 신규창업 세무 등의 정보가 정리되어 있다.

소호월드(www.sohoworld.co.kr) : 유망사업, 창업컨설팅, 창업사례, 창업자금, 프랜차이즈 등 각종 창업정보가 매우 알차게 구성되어 있다.

한국 창업 정보센터(www.startinfo.co.kr) : 창업쇼핑몰, 재취업교육, 벤처창업, 프랜차이즈 창업 등 다양한 창업정보가 구축되어 있다.

창업토탈정보(www.totalchangup.co.kr) : 창업 성공사례, 새로운 사업아이템은 물론 창업가이드도 해주며, 창업관련 SITE 정보도 모아 놓았다.

한국창업 지원센터(www.changup1004.com) : 창업컨설팅, 주요 상권정보, 신세대 창업, 직장인 창업, 여성 창업 등 각종 창업부문을 분야별로 정리해둔 사이트다.

창업자와 자영업자의 부채갚기

새로 사업을 시작한 창업자이든 기존의 사업을 영위하던 자영업자이든 대부분의 사업을 하는 사람들은 순수한 자기의 자금만으로 사업을 시작한 경우를 제외하면 어느 정도의 부채를 가지고 있을 것이다. 이 부채는 사업을 해서 벌어들인 수익금으로 언젠가는 꼭 갚아야 할 남의 돈이고 갚는 기간이 길어지면 길어질수록 이자의 지급금액만 늘어나는 비용 창출적 자산이라 할 수 있다. 다만 예외적으로 대출금 이자보다 많은 수익을 올릴 수 있는 곳에 투자되어 확실한 수익을 실현시키고 있다면 유익한 자산이 될 수 있겠지만 말이다.

막대한 이자를 지급하게 하는 대출금, 어떻게 갚는 것이 잘하는 재테크일까?

첫째, 대출금 푼돈으로도 갚을 수 있다(대출금 상환, 상식의 틀을 깨자)

대출금을 금융기관에서 빌리면 이자, 상환방법 등을 약정하고 그 내용대로 대출금을 만기에 일시에 갚거나 또는 매월 원금과 이자를 분할상환 하는 등의 방법으로 대출금을 갚게 된다. 많은 소비자들은 대출을 받을 때 약정한대로 대출금을 상환하기 위하여 원리금 분할상환 방식은 매월 정해진 금액을 불입하고 만기일시상환 방식은 만기일에 대출금을 상환하기 위하여 적금을 불입하거나 기타 저축 방법으로 자금 마련 계획을 세우고 실천하게 된다.

대출금리보다 더 높은 금리의 저축상품은 거의 없다. 수신금리와 대출금리의 차이는 평균 1.5% 이상 대출금리가 높다.

대출금리보다 높은 이자나 배당을 주는 상품은 대부분 원금보장이 안 되는 고위험 고배당 상품이다. 예정된 시점에 대출자금이 모자랄 수 있는 가능성도 있다.

대출금 갚기의 현명한 재테크는 매일매일 생기는 아주 작은 돈이라도 적금 등의 저축으로 목돈을 만들 것이 아니라 자금여유가 생기는 즉시 대출금을 갚는 것(일수를 찍는 기분으로)이다. 금융기관 창구에서 직원들이 조금 귀찮아 할지 모르지만 적은 금액이라도 매일 또는 수시로 대출금을 상환하면 대출 상환자금으로 적금을 불입하는 것보다 평균 1.5% 이상의 금리차를 이익으로 남길 수 있다.

둘째, 저금리 대출로의 전환

대출 상품은 본인의 거래실적 등을 고려한 신용등급과 담보의 내용 등에 따라서 금리가 다르게 적용되는데 대부분 창업 초기에 받는 대출은 사업전망이 불확실하고 거래실적이 충분하지 않으며 담보부족 등의 이유로 신용평가 점수가 낮아서 상대적으로 고금리의 대출상품을 쓰게 된다. 하지만 어느 정도 사업이 정상궤도에 오르게 되면 거래실적도 많이 쌓이고 사업도 번창하는데 고금리 대출상품을 쓰는 것은 금리 면에서 본인의 정당한 평가와 관계없이 부당한 대우를 받게 되는 것과 같다.

사업 초기에 대출을 받을 때는 대출기간을 1년 정도로 짧게 하여 1년 후 연장할 때 금리 등을 재평가하도록 하면 대출금리를 내릴 수 있다.

영업자금에 여유가 생겨서 대출금 운용에 탄력이 생기면 일부 대출이라도 당좌대출 또는 종합통장 대출(마이너스 대출)과 같은 한도대출로 전환하면 대출금을 사용하지 않는 기간의 지급이자를 줄일 수 있다.

나의 신용을 높게 평가하고 사업전망을 좋게 보는 금융기관으로 주거래 기관을 바꾸는 것도 저금리 대출상품으로 대치하는 한 방법이 될 수 있다.

금융기관(특히 은행)에서는 거래실적을 따질 때 과거 3개월이나 6개월 정도를 많이 계산하고 있으므로 사업 초기 고금리 대출은 사업이 정상 운영되고 어느 정도 거래실적도 쌓이면 대출을 상환하고 다시 대출을 받거나 고객평점을 재산정하여 금리를 조정하도록 하여 자금부담을 줄이고 차액으로 대출금 상환을 위한 계획에 사용해야 한다.

(4) 이런 금융상품은 꼭 가입하라

50대에도 목돈을 만드는 주된 이유는 노후를 대비해서다. 하지만 20~40대 때와는 목돈 만드는 목적과 기간 등에 있어서 차이가 있다. 물론 자녀의 결혼 자금이 주요 목적이 될 수 있지만 꼭 부모가 자녀의 결혼 자금을 마련해 주어야 한다는 것은 우리나라 법에 없다.

자녀의 결혼 자금보다 중요한 것은 노후에 두 부부의 생활비일 것이다. 과거와 달리 요즘은 예전보다도 훨씬 자녀들이 부모님께 의존하는 경향이 강하다. 자녀가 적은 가정일수록 의존도는 더하다. 하지만 상대적으로 효에 대한 정신은 점점 사라지고 부모님 대다수도 자녀에게 의존하고파 하지 않는다.

건강, 질병 보험 + 민영 의료보험에 가입

건강(질병)보험은 꼭 보장 받으려는 목적보다는 병도 병이지만 갑작스러운 목돈에 대한 분산 효과를 보고자 하는 목적이 더 강하다. 물론 50대에 가입할 수 있는 보험과 그 보장 내용은 제한되어 있다. 하지만 평균 수명이 그 만큼 높아지기 때문에 건강한 노후를 위해 반드시 챙겨야 한다.

특히 질병보험에 민영의료보험을 추가로 가입하는 게 좋다. 기존 질병보험은 3대 질병(암, 뇌졸중, 급성 심근 경색증)이나 7대 질병(심장질환, 뇌혈관질환, 고혈압, 당뇨, 위·십이지장궤양, 신부전, 갑상선) 등으로 대상을 제한하고 있는데 비해 민영의료보험은 상해보험 또는 질병보험 등 기존의 보험회사 건강보험과 달리 모든 상해와 질병을 보험급여 대상으로 삼고 있기 때문이다.

또 민영의료보험은 사망이나 후유 장해보다는 상해나 질병으로 인해 치료를 받을 경우 국민 건강보험으로 보장 받지 못하는 본인부담 비용을 보장한다. 즉, 환자 치료를 중점적으로 보장하는 것이다. 보험사 건강보험이 입원치료 시 입원일당을 지급하는 것과 달리 민영의료보험은 입원 뿐 아니라 통원 치료에 드는 비용까지도 본인이 부담한 실제비용(실손해)을 지급한다.

예·적금은 반드시 안정 위주 상품으로

50대 재테크의 기본은 안정이다. 따라서 주변에 수익률 높은 상품이 즐비하더라도, 안정성이 보장되지 않는 금융 상품은 피해야 한다. 기본적으로 돈을 언제 쓸 것인가를 알고서 예·적금에 가입하여야 한다.

비과세상품 → 저율과세 → 세금우대 순으로 가입해야 한다. 가족 구성원이 있는 경우 자격 조건을 잘 활용하면 더 많은 상품 가입을 통해 이자 소득세를 절약 할 수 있다.

(6) 선택 기능한 금융상품

50대는 돈을 모으기보다는 돈을 불리는 방법과 관리하는 방법을 숙지해 두어야 한다. 그럼에도 불구하고 노후 생활에 안정성을 보장 받을 수 없을 수도 있다.

종신보험을 고려해 보자

종신보험은 일생에 한 번은 꼭 타는 보험이다. 동시에 상속 재산이 있는 경우에는 상속세를 내기 위한 재원 마련으로 활용하기도 한다. 반드시 상속세 재원 마련에 의미를 두기보다는 부부의 경우 혼자 남을 수 있는 배우자를 위해 가입해 둘 수도 있다.

역모기지론을 활용하자

미처 노후를 준비하지 못한 경우에는 역모기지론 제도를 활용하는 것도 좋은 방법이다.

모기지론이 집을 사기 위해서 목돈을 꾼 후 갚는 방식이라면 역모기지론은 집을 담보로 월 일정 금액을 받아서 생활비로 사용하는 것이다.

대출 기간이 끝나면 일반 주택 담보 대출로 전환할 수 있고 담보 주택을 팔아서 대출금을 상환할 수 있다. 또 자녀를 위한 세제 혜택으로 전환할 수도 있다. 대출기간은 일반적으로 15년 이내다.

집이라는 것은 살아 있을 때 의미를 둘 뿐이다. 자녀에게 집을 물려 줄 의향이라면 역모기지론을 활용할 수 없고 단순한 주택 담보 대출을 받는 방법만이 있을 뿐이다.

(7) 목돈 운용 방안

50대 이후의 목돈은 자녀 학자금, 자녀 결혼 자금, 노후 자금 등 3가지 목적으로 굴리면 된다. 하지만 예금 부분의 금리가 만족할 만큼 높지 않기 때문에 운용의 어려움이 있다. 물론 고수익률 상품이 있기는 하지만 위험이 그만큼 따르게 되어 있다. 아무리 욕심이 생겨도 50대 이후 목돈 운용은 안정성이 최고다.

만 60세 이상이 된 경우에는 생계형 저축을 반드시 활용

생계형 저축은 만 60세 이상, 장애인, 국가유공자, 기초생활보호대상자에 한하여 가입할 수 있는 저축 상품으로 1인 기준 3,000만원까지 가입이 가능하다. 계약 기간에 제한이 없으므로 언제든지 돈을 찾을 수 있으며 계약 기간 중에 중도 해지하여도 이자소득에 대해서는 여전히 비과세 혜택을 준다. 단, 기존 비과세 상품 CD, 표지어음, 당좌예금, 발행어음, CMA, 외화예금 등은 생계형 저축 대상 상품이 아니다.

지방에 APT 매입하여 월세 수입 재투자

은행 금리는 너무 낮고, 수익률 높은 상품은 리스크가 있어서 부담 스럽다면 부동산 투자로 눈을 돌린다. 방법은 대학교가 있는 지방에 14평 정도의 아파트를 사서 대학생 대상으로 월세를 받는 것이다. 집값은 목돈 일부를 투자하고 그 집에서 나오는 월세로 또 다른 금융 상품을 가입할 수 있다. 정부의 강력한 부동산 정책에 별 소용없지 않을까 하는 생각이 들 수도 있지만 지방은 부동산 투기가 심하지 않을 뿐더러 집값이 그리 높지 않다.

저금리 시대에는 간접 투자 상품에 관심

무조건 안정성만 추구하다 보면 돈을 불리기가 어렵다. 자칫하면 물가 상승률만큼도 수익률을 올리지 못할 수도 있다. 간접 투자 상품은 펀드가 가장 유용하며 펀드 상품에 투자할 경우에는 기본적으로 주식 시장 침체 시에는 채권형 펀드에, 활황 시에는 혼합형(주식+채권) 펀드나 주식형 펀드가 어울린다. 반드시 상품 선택 전에 전문가의 조언을 듣고 투자 결정을 내린다.

(8) 자녀 결혼준비

실제로 자녀 결혼 준비를 50대에 시작해야 하는 것은 아니다. 자녀가 언제 결혼할 지를 모르고 준비한다는 것은 다소 무리가 있다. 또 자녀 결혼 비용을 준비하는 것이 부모의 의무는 아니기도 하다. 단지 우리 사회에서 부모라는 이름값을 하기 위한 하나의 관습으로 굳어졌을 뿐이다.

자녀에게 유리한 금융 상품 가입

자녀가 직장인인 경우에는 연말 정산 혹은 결혼 후에도 도움이 될 수 있는 금융 상품에 가입하여 주는 것이 보다 바람직하다. 예를 들어, 청약 저축을 가입하여 결혼 후에 집 마련하는데 보탬이 되게 하는 것도 방법이다. 그러나 중도에 해지할 수 없는 금융 상품은 결혼 준비 자금으로 활용은 어렵다.

예·적금의 경우에는 일반 과세 금융 상품보다 세금 우대 상품 혹은 저율 과세 상품처럼 1인 가입 한도가 있는 상품을 가입하여 두는 것이 상대적으로 유리하다.

틈틈이 혼수 장만

예전과 달리 하루가 다르게 전자 제품이 새로워지고 있다. 따라서 너무 일찍 사두면 시대에 뒤떨어져 오히려 낭비가 될 수 있다. 반면 신제품이 빨리 출시되기 때문에 재고품에 대한 빠른 소비를 위해 파격 세일을 하는 경우가 많다.

실제로 실속파 신혼부부들은 혼수 제품을 고를 때 꼭 필요한 기능의 큰 차이가 없다면 굳이 신제품을 선호하지 않는다. 어차피 사는 순간 구형이 되는 건 마찬가지다. 전자제품 이외에 준비 품목은 그다지 신·구제품 간의 차이가 크지 않는다. 가격이 쌀 때 미리 구입해 두면 좋다.

청첩장 보낼 곳을 그때마다 기록

사실 청첩장을 보내는 것 역시 일이지만 누구에게 보내야 하는 지 리스트 만드는 자체도 일이다. 비록 유치해 보이기도 하지만 한국 사회에서는 아직 Give & Take 제도가 민감하게 작용한다. 세월이 지나 다 보면 주소도 바뀌고 잊어버리기도 한다.

특히 50대에는 경조사 비용이 만만치 않다. 이왕에 보낼 거면 미리 리스트를 작성해 두는 것이 훗날 편안해 질 수 있다.

 알아야 할 재테크 상식

1. 자동차 보험료 절약
보험료는 운전자 수를 적게 지정할수록 싸다. 특히 개인용 승용차라면 운전자의 범위를 가족 전체로 하지 말고 실제 운전자 기준으로 하는 것이 지혜. 운전자의 나이에 따라 보험료를 할인 받을 수도 있다. 통상 운전자의 연령이 낮을수록 사고율이 높기 때문에 연령운전 한정특약을 이용하면 고령자는 할인율이 커진다.

2. 경제, 금융 뉴스 등 정보를 수집하라
재테크 정보는 정보이면서 돈이다. 경제, 금융 뉴스에 얼마나 자주 관심을 갖는가에 따라서 상황을 달라질 수 있다. 재테크 전문 사이트, 재테크 카페 등의 금융 홈페이지에 가면 더욱 알찬 정보를 얻을 수 있다.

3. 상시 사용하는 비용을 절약
우리가 살다 보면 신경 쓰지 않고 무심코 꼬박꼬박 사용하는 비용이 있다. 초고속인터넷 비용, 휴대전화요금, 신용 카드, 은행 송금 수수료, 버스 및 지하철 공공요금 등이다. 과연 이들은 더는 아낄 수 없는 비용일까? 절약되는 금액이 크고 적고보다는 절약은 습관이 중요하기 때문이다.

*재테크 10계명

대부분의 젊은 사람들은 직장생활을 시작했더라도 재테크를 해야겠는데 어떻게 해야 할지 막막하다는 말을 자주 한다. 체계적으로 재테크를 하면 어렵지 않게 돈을 모을 수 있음에도 불구하고 가장 중요한 시작을 못하는 사람들이 많은 것이다. 하지만 이들의 정확한 문제점은 재테크에 대해 잘 모르는 것이 아니라 재테크의 필요성에 대해 피부로 느끼지 못하고 이를 실천할 수 있는 기본적인 규칙을 알지 못하기 때문이다.

1. 자기만의 가계부를 작성하라
최소한 3개월간 자신의 수입과 지출을 자세히 점검해야 한다. 계획한 대로 재테크 계획을 이행했는지 여부를 냉정하게 평가하고 잘못된 점이 발견되면 수정한다. 나를 알고 상대방을 알면 100번 싸움에서 100번 이길 수 있다는 것을 명심하라.

2. 기간별 계획을 세워라
재테크에 대한 목표가 세워졌다면 단기, 중기, 장기 계획을 수립해야 한다. 즉 3개월, 6개월, 1년, 3년, 5년, 10년 등 기간별로 자신이 이룰 수 있는 단계별 목표를 정해 차근차근 이행하는 게 바람직하다. 또 인생의 중요한 이벤트가 되는 결혼, 내 집 마련, 자녀 계획 등에 관련된 기간별 계획도 세워 함께 이행한다.

3. 청약 관련 금융 상품은 필수
청약 관련 금융상품은 내 집 마련은 물론 부동산 투자 수단으로 유용하게 사용할 수 있다. 특히 다른 저축상품에 비해 이자가 높은 것과 세제 혜택이 있는 것도 큰 매력이다. 청약통장에는 청약저축, 청약부금, 청약예금 등이 있으며 사용할 수 있는 내용이 조금씩 다르다. 저축은 국민주택만 신청이 가능하고 부금은 민영아파트만 해당된다. 또 부금은 매월 10만원까지 불입할 수 있으며, 예금은 한 번에 불입한다. 통장은 2년 이상 유지해야 1순위가 되지만 무조건 분양을 받는 것보다 신중하게 사용해야 한다.

4. 세금 혜택이 있는 상품이 가입하라
세금우대 상품, 비과세 상품, 세제혜택 상품을 적극 활용하는 것도 장기적인 재테크의 핵심 포인트다. 세금우대 상품은 1년 이상 유지하면 일반 저축보다 세율 적용이 낮으며, 비과세 상품 (장기주택마련 저축, 생계형 저축, 농어가목돈마련 저축, 비과세 수익증권, 장기저축성 보험 등)은 이자소득에 세금이 없다. 또 장기주택마련 저축은 연말정산 때 소득공제가 된다.

5. 0.1% 차이의 이자라도 중요시 하라

시중은행은 고객 유치를 위해 상품별로 이자에 차등을 둔다. 발품을 판다면 0.1%의 이자라도 더 받을 수 있다. 티끌 모아 태산이라는 말을 명심하라. 또 인터넷을 이용하거나 자동이체, 모바일 뱅킹 서비스를 이용하면 각종 수수료도 줄일 수 있는 서비스를 받을 수 있다.

6. 주식이나 채권을 공부하라

주식은 여윳돈을 가지고 중기 또는 장기적인 투자를 한다면 괜찮다. 대박을 노린 단기 투자는 절대 금물이다. 주가는 귀신도 모른다는 말이 있지 않은가. 직접 투자에 자신이 없다면 금융기관에서 판매하는 간접 상품도 좋다. 채권은 일반 은행보다 이율이 높고 안정적인 상품이지만 장기적 투자 관점에서 접근해야 한다. 증권회사에 가면 자세한 안내와 함께 가입도 가능하다.

7. 분산투자하라

월 일정액을 저축하더라도 금액과 기간별로 나눈다. 생활을 하다보면 반드시 목돈이 들어갈 일이 생기기 때문이다. 예를 들면 아파트에 당첨돼 중도금을 마련할 경우를 생각해 저축액을 나눠서 기간별로 적금을 드는 게 이자 측면에서도 도움이 된다. 만약 중도해약을 해야 하더라도 이자 손실을 최소화 할 수 있기 때문이다.

8. 보험 가입을 필수

아무리 지금 스케줄이 빡빡하더라도 보험 가입은 반드시 해야 한다. 한 치 앞을 알 수 없는 상황에서 가계의 기둥에게 사고가 생긴다면 남은 가족들은 어떻게 할 것인가. 가족 모두가 사고나 질병에 대한 보험은 가입하고, 가능하면 부부 모두 종신보험에 가입하는 게 바람직하다. 전문가들은 월 수입액의 15%를 넘지 않는 범위 내에서 보험가입을 권하고 있다.

9. 노후를 대비한 계획을 세워라

우리나라 사람의 평균수명이 갈수록 길어지고 있다. 그러나 일할 수 있는 나이는 한정된 게 현실이다. 만약 55세에 정년퇴직을 하더라도 20여 년은 더 살아야 하는 게 요즘이다. 젊었을 때 이를 위한 대비를 하지 않으면 노후에 고생한다.

10. 반드시 맞벌이를 하라

보통 사람의 경우 빈부의 격차는 맞벌이에서 시작된다. 자녀 문제가 해결됐다면 맞벌이를 하는 게 절대 유리하다. 주5일 근무제에다 상시 구조조정으로 40세를 넘기기 힘든 상황에서 혼자서 가계 수입을 감당하기란 쉽지 않기 때문이다.

3장

재테크 실전 전략

FINANCIAL TECHNOLOGY

금융상품 이용하기 | 상품별 투자 전략 | 펀드상품 투자

1. 금융상품 이용하기

(1) 은행상품

은행은 고객이 맡긴 돈에 대해서는 예금 이자를 지불하고, 은행에 모인 돈을 갖다 쓰는 대출 고객에게서는 대출 이자를 받는다.

은행은 고객의 돈을 받을 때 고유 계정과 신탁 계정으로 분리하는데, 고유 계정에 맡긴 돈은 주로 대출 자금으로 운용하여 고객에게 안정적인 이자 수입을 돌려주고, 신탁 계정에 맡긴 돈은 대출 이외에 주식, 채권, 부동산 등 수익성 위주로 투자해서 실적에 따른 수익을 돌려주는 차이가 있다.

은행 상품 중에는 타 금융기관과 달리 공공 분양 주택을 청약할 수 있는 자격을 부여하는 상품이 있는데 청약 예금, 청약 부금, 청약 저축 등으로 구분한다. 주택 청약 예금의 경우 민간 건설 회사의 주택 분양시에 우선권이 주어지는 상품으로, 만 20세 이상의 개인이 가입할 수 있다.

주택 청약 저축은 일정 요건을 갖추면 국민주택기금의 지원을 받는 국민주택 및 민간건설 중형국민주택청약권을 부여하는 적립식 저축상품이고, 청약 부금은 적금형식으로 매월 정해진 날에 저축하여 납입인정금액이 지역별 청약예금 예치금액 이상이고 일정기간 경과될 경우 민영주택 혹은 민간건설 중형 국민 및 공공택지 내 민간건설 임대주택에 청약이 가능하다.

구 분	종 류	내 용
정기예금	정기예금	일정한 기간을 정해 매월 일정 금액을 일정일에 납입하면 은행은 만기일에 납입한 저축금에 이자를 더한 금액을 지급하는 적립식 상품
	거치식예금	이율, 이자 지급 방법, 만기일 과세 방법 등을 직접 설계하여 저축할 수 있는 맞춤식 예금. 한 통장에 여러 정기예금을 입금, 인출, 해지할 수 있는 기능을 부여함
입출금이 자유로운 예금	자유보통예금	가입 대상에 제한이 없고 소비 자금 또는 유휴 자금의 일시적 보관을 목적으로 개설하는 입출금이 자유로운 예금
특수예금	외화예금	달러, 유로, 엔화 등 외화를 싸게 매입, 예치하여 환율 상승시 수익을 내는 예금, 투자한 가치가 하락할 경우 손해 발생 위험이 있음
은행신탁	연금신탁	노후 연금을 목적으로 하는 투자자에게 적합하며 고객의 신탁 자산을 주식이나 채권, 부동산 등에 직접 투자하고 노후에 매년 원금과 수익을 받음
	주가지수 연동신탁	고객 자산을 주식 시장에 일부 투자하여 주가 지수 변동에 따른 수익을 추구함과 동시에 국공채 등의 우량 채권에도 투자하여 원금을 안정적으로 유지함

(2) 채권

채권이란 중앙정부, 지방 자치 단체, 특수 법인 및 주식회사 등의 발행 주체가 대다수 일반투자자들로 부터 비교적 장기간 자금을 집단적 또는 대량적으로 조달하기 위하여 발행한 일종의 증서이며, 발행 회사가 투자자에게 자금을 빌려 주었다는 채무 표시 유가 증권이다. 채권은 주식과 더불어 자본 시장의 주요한 축을 이루고 있으며, 주식 시장과 마찬가지로 채권 시장에도 발행 시장과 유통 시장이 존재한다.

채권에는 액면 금액, 발행 이자율, 만기 상환일, 이자 및 원금 상환 방법, 채권 발행시 담보 유무 등이 표시되어 있으며, 보통의 차용 증서와는 달리 공신력이 높은 정부나 금융 기관 또는 상법상의 주식회사가 일반 대중을 상대로 발행하기 때문에 법적인 제한과 동시에 투자자도 보호를 받을 수 있다.

채권의 종류는 발행 주체에 따라 국가 발행 채권(국채), 지방 자치 단체 발행 채권(지방채), 특별법에 의한 공공 기관 발행 채권(특수채) 또는 일반 회사가 발행하는 회사채 등으로 나뉜다. 또 채권 발행 후 원리금을 상환하기까지의 만기 기간에 따라 장기 채권, 단기 채권 또는 중기 채권으로 분류된다.

자금을 모집하는 방법에 따라 특정인이 해당 채권을 구입할 수 있는 사모사채와 일반인 모두가 채권을 살 수 있는 공모사채로 구분한다. 또는 채권 만기시 원리금 지급에 대해 발행 회사 이외의 자가 보증하는지 여부에 따라 보증 채권 또는 무보증 채권으로도 불린다.

여기에서는 언론 매체에 자주 등장하는 국채와 회사채에 대해 주로 다루었다. 국채는 국회 의결을 얻은 후에 정부가 발행하는 채권으로 재정 정책의 일환으로 발행하며, 정부가 원금과 이자의 지급을 보장하기 때문에 지명도와 대외 신용도가 가장 높은 증권으로 위험이 적은 대표적 자산으로 분류한다. 국채의 종류로는 국채 관리 기금 채권, 양곡 기금 증권, 외국환 평형 기금 채권, 국민 주택 채권 1종(5년 만기), 국민 주택 채권 2종(20년 만기) 등이 있다. 지방채 또는 특수채는 국채와 비슷하게 신용도가 우수한 채권이며, 다만 발행 주체가 지방 자치 단체 또는 특별법 등에 의해 발행하는 채권이라는 차이점이 있다.

회사채는 일반 회사가 발행하는 것으로 회사 신용도에 따라 가격이 결정된다. 즉 우량한 회사가 발행하는 회사채는 투자자가 경쟁적으로 사려고 하므로 이자율도 낮게 책정될 것이며, 부실한 회사의 경우에는 아무리 비싼 이자를 지급한다 해도 투자자와 금융 시장에서 외면 받아 제대로 발행조차 하기 어렵다.

구 분	종 류	내 용
발행주체	국채	정부가 막대한 자금이 필요한 경우 발행하는 채권으로 국회의 동의를 얻어 발행한다. 정부가 원리금 지급을 보증하기 때문에 신용도가 가장 높은 채권
	지방채	지방자치단체가 필요한 자금을 조달하기 위해 발행하는 채권으로 지하철 공채, 도로 공채, 상수도 공채 등이 있다
	특수채	한국통신공사, 담배인삼공사, 수자원공사 등 정부가 설립한 특별한 법인이 발행하는 채권. 원금과 이자 지급을 대부분 정부가 보증하므로 국채와 비슷함
	회사채	상법상의 주식회사가 발행하는 채권. 제3의 보증기관이 원리금 지급을 보장하는지 여부에 따라 보증사채, 무보증사채 등으로 구분
상환기간	단기채	원리금 상환 만기가 1년 이하인 채권
	중기채	원리금 상환 만기가 1년 초과, 5년 이하인 채권
	장기채	원리금 상환 만기가 5년 초과하는 채권
모집방법	사모채	발행자가 특정한 투자자만 채권을 살 수 있도록 사전에 정하고 발행하는 채권
	공모채	발행자가 특정하지 않은 일반 투자자로 하여금 자유롭게 채권을 살 수 있도록 발행하는 채권
보증유무	보증채	원리금 상환을 발행자 이외에 공신력 높은 금융기관 등 제3자가 채권 원리금 지급을 보증하는 채권
	무보증채	원리금 상환에 대해 제3자 보증 없이 발행자 스스로의 신용에 의해 발행하는 채권이며 채권 투자자가 원금 회수에 대한 위험을 부담하므로 일반적으로 보증채보다 수익률이 높음

(3) 투자 신탁

주식이나 부동산을 직접 사고파는 방법으로 수익을 올리기 위해서는 투자자 개인이 금융 시장 정보와 경제 상황 전반에 대해 전문적인 지식을 갖고 적절한 시기에 사고 팔 수 있는 능력이 있어야 한다. 그러나 현실적으로 개인이 혼자서 투자할 경우 막대한 자금과 시장 정보를 가지고 전문가로 구성된 금융 기관 투자자보다 높은 수익을 내기가 쉽지 않고, 오히려 개인의 잘못된 판단으로 투자 실패를 겪기 마련이다.

따라서 개인이 직접 사고파는 투자에 비해 보다 안전하고 합리적인 투자 방법이 투자전문 금융 기관을 이용한 간접 투자 방법이다. '투자 신탁 회사'란 고객이 안전하게 재산을 불리기 위해 자금을 맡길 경우 수수료를 받고 금융 상품에 대신 투자하여, 안정적인 수익을 가져다주는 회사를 말한다. 투자 신탁은 다수의 일반 투자자로부터 자금을 모아 투자 전문 회사가 주식, 채권 등 유가 증권이나 부동산 등에 투자하므로 소규모 개인 투자에 비해 투자 위험을 안정적이고 효율적으로 관리할 수 있다. 투자 신탁 상품은 단기간이라도 돈을 맡겨 약간의 수익을 내고자 하는 머니 마켓 펀드(MMF), 채권 및 채권 관련 금융 상품에 투자하는 채권형 투자 신탁, 주식 등 가격 변동이 큰 유가 증권 등 금융 상품에 투자하는 주식형 투자 신탁 등으로 구분한다.

구 분	내 용
머니마켓 펀드(MMF)	MMF는 은행의 보통예금처럼 입금, 출금이 자유롭고 수수료가 저렴한 투자 상품이며 투자신탁회사는 보유한 자산을 주로 단기성 자산에 투자한다
채권형 투자신탁	고객이 맡긴 자산을 주로 주식이나 파생 금융상품이 아닌 채권 및 채권 관련 금융상품에 투자하는 상품으로 투자 기간별로 단기형, 중기형, 장기형 등으로 구분한다
주식형 투자신탁	채권형과 달리 고객의 신탁 재산을 주식 및 주식 관련 파생 상품에 주로 투자하는 상품으로 주가의 변동폭이 큰 점을 이용해 높은 수익도 가능하나 주식 가격 하락시 손해 위험도 크다
혼합형 투자신탁	주식형 및 채권형 투자신탁의 복합성 상품

(4) 생명보험과 손해보험

보험 상품은 형태가 보이지 않는 무형의 상품이기 때문에 구매에 따른 효과를 곧바로 느끼기가 어렵다. 따라서 장래에 발생할 사고의 개념, 보장하는 손해의 범위, 보험 가입자의 정보 제공 등의 보험 계약이 복잡하고 다양하다. 생명 보험 상품은 사망, 상해, 만기, 노후 등 사람 생명이나 신체와 관련된 보험 사고를 보장하는 보험이며, 손해 보험은 사람이 아닌 보유하는 물건 등에 발생한 손해 등을 보장하는 보험이다.

생명 보험은 보험금을 지급하는 경우에 따라 구체적으로 아래와 같이 분류하며, 특히 일반인에게 친숙한 종신 보험이란 보험 가입자가 종신토록 어느 때 사망하여도 정해진 보험금을 지급하는 보험이다.

손해 보험이 생명 보험과 크게 다른 점은 보험에 가입하는 대상이 물건이라는 점과 보험금을 지급할 때 실제 발생한 손해액만큼 보장한다는 점이다. 생명 보험의 경우에는 보장 금액을 미리 정하여 손해나 사고 정도에 상관없이 보험금을 지급한다.

　손해 보험 중 가장 일반적인 보험은 자동차 보험인데, 자동차 사고로 피해자에게 손해를 배상해야 할 법적 책임이 발생한 경우 및 운전 중에 자신이 다치거나 자동차 자체에 발생한 손해를 보상하는 보험이다. 이와 유사하게 선박 보험이나 항공 보험도 손해 보험에 속하며, 선박 또는 항공기 운항 중 침몰, 충돌 등에 의해 발생한 손해를 보장해 준다. 그리고 화재 보험이란 주택, 가게, 공장, 창고 등의 건물이 화재로 소실되거나 보관 중인 물품이 손상될 경우의 손해를 보장한다.

· 생존보험 : 만기시까지 사람이 생존했을 경우 저축된 보험금을 지급
· 사망보험 : 보험기간 중 사람이 사망(심각한 장해 상태 포함)할 경우 보장
· 정기보험 : 5년, 10년 등 특별히 정해진 보험 기간 내 사망할 경우 보장
· 생사혼합보험 : 생존보험과 사망보험의 복합 상품
· 변액보험 : 납입한 보험료 중 일부를 모아 주식, 채권 등에 투자하여 발생한 투자 수익을 계약자에게 배분함으로써 보험금 등이 변동하는 보험

2. 상품별 투자 전략

(1) 주식 투자

주가에 영향을 미치는 요인으로는 주식 투자자들이 얻을 수 있는 투자 수익에는 배당과 시세 차익이 있다. 주식을 발행하여 모은 자금으로 세워진 주식회사는 투자자들에게 이자를 지불할 필요는 없지만 회사 경영을 통해 얻은 수익을 투자자의 투자 지분에 따라 나누어 주어야 한다. 이를 배당이라고 부른다. 회사가 수익을 많이 내면 주주들은 배당을 받아서 좋고, 주식의 가격이 올라 또 한 번 이익을 본다. 주식 가격이 오른 만큼 주주들의 재산 가치가 커졌다는 의미다. 주식 가격이 낮게 형성되어 있을 때 매수했던 투자자들이 가격이 오른 시점에 내다 팔아서 얻는 이익을 시세 차익이라고 한다.

주식 투자를 해서 돈을 많이 벌려면 배당을 많이 주는 회사 즉, 재무 구조가 건실하고 경영 수익을 많이 낼 수 있는 회사를 선택하고, 주가가 제일 낮을 때 매수해서 가장 높은 시점에 팔면 된다는 말이다. 주식 투자가 어렵기만 한 줄 알았는데 의외로 간단하다고? 그런데 주식 투자로 부자가 되었다는 사람은 손에 꼽을 정도인데 손해를 보았다는 사람은 왜 그렇게도 많을까?

주식 투자의 성공과 실패는 주가의 변화를 정확하게 예측하는 능력에 달렸다고 해도 과언이 아닐 것이다. 그럼 지금부터 주가 변화에 영향을 미치는 재료들을 기업 외적 요인과 기업내적 요인으로 나누어 살펴보기로 하자.

첫째, 기업 외적 요인

주가에 영향을 미치는 기업 외적 요인에는 경기, 통화량, 물가, 금리, 환율, 원자재 가격 등이 있다. 물론 주가는 이러한 경제 현상의 변화보다 먼저 움직인다. 즉 경기가 좋아질 것으로 예상되면 실제로 경기가 좋아지기 6개월 이상 전부터 주가가 오르기 시작한다.

경기가 좋아진다고 모든 업종의 주가가 오르는 것은 아니다. 따라서 경기가 좋아짐에 따라 혜택을 많이 보는 업종을 선택하는 것이 관건이다.

통화량이 증가하면 주식 시장에 자금이 풍부해져서 주가가 상승할 가능성이 크지만, 지나치게 증가하면 화폐 가치 하락으로 물가가 상승하여 오히려 주가가 하락할 가능성도 있다.

물가 상승 요인 역시 물가 상승의 양상에 따라 주가에 미치는 영향이 다르다. 급격한 물가 상승은 소비 심리를 얼어붙게 하고, 이는 기업의 수익을 감소시켜 주가 하락을 초래할 수 있다. 반면 경기가 회복되면서 나타나는 완만한 물가 상승은 기업의 실적을 향상시키며 주가를 상승시킬 가능성이 높다.

금리가 상승하면 부채를 지고 있는 기업의 이자 부담이 커지므로 기업에 부정적인 영향을 미치게 되고, 투자자 입장에서도 굳이 큰 위험을 감수하면서 주식 투자를 하기보다는 안정적인 은행 상품을 선택하고자 할 것이므로 주가가 하락할 가능성이 크다.

환율 상승은 수출에 주력하는 기업의 주가가 상승할 가능성이 커진다. 예를 들어 1달러가 우리나라 돈 1,000원과 동일하다가 우리나라 돈의 가치가 상대적으로 떨어져서 1,300원과 동일하게 되므로, 1달러만큼의 물품을 수출하고 과거에는 1,000원을 받았지만 환율이 오른 현재는 1,300원을 받게 되었기 때문이다. 반면 수입을 주로 하고 있는 기업에게는 불리하다. 1달러만큼의 물품을 수입하면서 과거에는 1,000원을 지불하면 되었지만 환율이 상승한 현재에는 1,300원을 지불해야 하기 때문이다.

이렇듯 환율 상승의 기미가 보이면 수출을 주로 하는 기업의 주가는 상승하고, 수입을 주로 하는 기업의 주가는 하락할 가능성이 높다. 그러나 환율 변동뿐만 아니라 다른 경제 현상도 항상 변화하고 있으므로 복합적인 영향력이 주가에 어떤 영향력을 미칠 것인지에 대해 면밀히 분석해야 한다.

마지막으로 국제 유가를 포함한 국제 원자재 가격이 오르면 기업의 비용이 증가하게 되므로 가격이 인상된 원자재를 사용하는 업종 및 개별 종목의 주가는 하락하게 된다.

둘째, 기업 내적 요인

주가에 영향을 미치는 기업 내적 요인에는 기업의 경영 성과나 영업 실적, 경영자의 자질, 신상품 개발 및 신규 사업 진출 등이 있다. 이들에 대한 정보는 어디서 얻을 수 있을까? 주식을 발행한 기업들은 재무 상황과 경영 상태 등 중요한 기업 내용의 변동 사항을 증권 거래소를 통해 투자자들에게 제공할 의무가 있다. 이를 공시 제도라고 하며, 공시의 종류에는 사업 보고서 및 주주 총회 결과 보고서 등을 공표하는

'정기 공시', 수시로 발생하는 기업 내용 변동에 관한 '임시 공시', 풍문 및 신문 보도의 사실 여부에 대한 '조회 공시' 등이 있다. 공시는 금융감독원의 전자 공시 시스템(dart.fss.or.kr)을 이용하면 거래소 상장 및 코스닥 등록 법인들의 공시를 편리하게 볼 수 있다. 각 증권 회사 홈페이지나 증권 정보 사이트, 검색 포털 사이트의 금융 정보 페이지에서도 증권 거래소에 공시된 내용을 편집하여 제공 중이다.

투자자는 투자할 개별 종목을 결정하는 과정에서 기업들의 수익성, 안정성, 성장성 및 시장성을 비교하게 되는데, 이 과정에서 재무 비율 분석(financial ratio analysis)이 유용하다. 재무 비율 분석이란 재무제표를 구성하고 있는 여러 가지 항목들 간의 관계를 이용한 비율을 산출하여 기업의 재무 상태와 경영 상태를 파악하는 방법이다. 실제로는 많은 종류의 재무 비율이 있지만 여기서는 대표적인 네 가지 비율만을 살펴보자.

기업의 수익성을 평가하는 자기 자본 수익률(ROE : return on equity)이다. 자기 자본 순이익률은 타인 자본을 제외한 순수한 자기 자본의 효율적인 운영 측면을 알아보고자 하는 것이다.

자기자본수익률(ROE) = 당기순이익 / 평균자기자본 × 100

기업이 경기 변동에 어느 정도 대처할 수 있는지, 부채를 상환할 능력이 있는지 등의 안정성을 파악하는 부채 비율이 있다. 기업의 부채는 경기가 좋을 때는 수익을 확대시키고, 경기가 나쁠 때는 손실을 확대시키는 역할을 하므로 투자 결정시 기업의 부채 비율이 지나치게 높은 것은 아닌지 반드시 고려해야 한다.

부채비율 = 타인자본 / 자기자본 × 100

일정 기간 중에 기업의 경영 규모 및 경영 성과가 얼마나 증가하였는가 등의 기업의 성장성을 파악하는 순이익 증가율이다. 기업의 성장성 지표에는 순이익 증가율 외에 매출액 증가율, 영업 이익이 있다.

순이익증가율 = 〈당기순이익 / 전기순이익 − 1〉× 100

기업의 경영 성과와 재무 상태가 증권 시장에서 어느 정도로 평가하고 있는지를 나타내 주는 주가 수익 비율(PER : price earnings ratio)이다. 일반적으로 기업의 PER가 경쟁기업보다 낮으면 주가가 저평가된 것으로 판단하고, 그 반대이면 고평가된 것으로 본다. 투자 수익을 높이려면 저평가된 주식을 매수해야 하는 게 뻔한 답이 아닌가?

주가수익비율(PER)= 주가 / 주당순이익 × 100

지금까지 주식 가격을 움직이는 요인들을 살펴보았다. 이젠 신문의 경제면에 실린 기사들 하나하나가 예사롭게 보이지 않을 것이다. 경제

신문에 실린 기사 하나 하나가 전부 주가를 변동시키는 요인이니까.

인터넷 모의 주식 투자게임

주식 투자는 날이 잘 선 칼에 비유할 수 있다. 날이 잘 선 칼은 아무 것도 모르는 아이들에게는 위험하기 그지없지만, 칼을 다루는 지식과 기술을 갖춘 요리사에게는 없어서는 안 될 정도로 유용한 물건이다. 주식 투자 역시 주식 투자에 대한 지식이나 기술 없이 뛰어든 사람에게는 경제적 손실을 입힐 수 있는 위험한 재테크 방법이지만 오랫동안 노하우를 축적한 노련한 투자가에게는 돈을 벌어 꿈을 이루게 해 준다.

주식 투자는 경험 삼아 한 번 해 보기에는 경제적 부담이 크다. 각 증권사들은 1년에 일정한 시기를 정해 인터넷 모의 주식투자 게임을 펼친다. 또 경제 신문들도 같은 행사를 갖는다. 현금을 주고 하는 것이 아니므로 초보자를 비롯한 많은 사람들이 참여해 실전처럼 주식을 거래하니 많은 도움이 될 것이다.

이때 자신이 내린 투자 결정의 성공과 실패 원인을 파악하기 위해 투자 일지를 작성하면 많은 도움을 얻을 수 있다. 자신의 투자 성향은 물론 기업들의 보는 눈이 생길 수 있기 때문이다.

일단 기업이 공시한 내용을 토대로 주가 변동을 예측해 보기도 하고, 주가변동 그래프의 추세를 분석하여 향후 주가를 예상해 보기도 하는 등 나름대로 성공과 실패 원인까지 분석하면서 주식 투자를 배우면 된다. 비록 모의 주식 투자이지만 수익이 나면 기분이 좋고 손해가 나면 가슴이 철렁하는 건 마찬가지다.

(2) 채권투자

다른 사람에게 얼마간의 돈을 개인적으로 빌리려고 할 경우, 대부분 우리는 보증서 즉, 돈을 빌렸다는 증서를 써서 나에게 돈을 빌려 준 사람에게 건네는 것이 상례다. 이 빚 보증서에는 누가 누구에게 얼마를 빌렸으며, 언제까지 갚을 것이고, 이자는 얼마를 줄 것인지를 적도록 되어 있다.

채권은 위와 같은 빚보증서와 다를 바가 없다. 다만 빚을 빌려 주고 받는 것이 개인 대 개인이 아니라 돈을 필요로 하는 정부나 기업 등이 일반 다수의 사람들로부터 돈을 빌리면서 언제까지 빌리고, 이자는 언제, 얼마를 줄 것인지를 약속하는 빚보증서가 바로 채권이다.

예를 들어, 지방 자치 단체가 지하철 공사를 해야 하는데 돈이 없으면 국민에게 일정한 조건(예를 들어 연이자는 5%, 3년 후에 갚겠음)을 걸고 돈을 빌리게 되는데, 이 때 지방 자치 단체는 이러한 조건과 돈을 받았다는 차용 증서를 국민에게 주게 되며 이것이 바로 채권인 것이다.

또 일반 회사에서 기업을 운영하는 데 자본이 필요하거나, 혹은 은행에서 운영 자본이 필요하면 국민들에게 동일한 방법으로 돈을 빌리고 채권을 건네준다. 이러한 상황을 국민 편에서 보면 국민은 돈을 필요로 하는 정부, 회사, 은행 등에 돈을 빌려 주고 이자를 받는 셈이 되는 것이다.

채권의 다른 특성
첫째, 이자가 확정되어 있다

채권은 회사나 은행이 돈을 빌릴 때, 즉 채권이 발행될 때 채권을 산 사람(투자자)에게 지급하고자 하는 이자를 연 5% 등으로 확정하여 채권 표면에 표시하도록 되어 있다.

둘째, 돈을 돌려주어야 하는 기간이 정해져 있다

채권은 발행이 될 때 이미 발행자가 채권을 산 사람에게 돈을 돌려주어야 하는 기간이 1년, 2년 혹은 5년 등으로 미리 정해져 있으며, 이를 채권 표면에 표시하도록 된다.

셋째, 채권 발행일로부터 돈을 갚는 기간이 일반적으로 길다

채권은 발행일부터 원금을 돌려주는 날까지의 기간이 최소 1년부터 10년 이상인 것도 있다. 따라서 채권을 산 사람(투자자)은 채권을 발행한 회사 혹은 은행이 돈을 갚을 수 있는가의 능력뿐 아니라 발행자가 장기적으로 존속할 수 있는 기관인가를 중요하게 고려하여야 한다.

넷째, 원금을 반드시 채권 구매자(투자자)에게 상환하도록 되어 있다

채권 수단으로서의 채권의 위험은 앞에서 살펴본 채권의 특성과 깊은 연관성이 있다.

원금을 갚기까지의 기간이 길다는 특성으로 인해 채권은 이를 발행한 기관이 파산하여 원금과 이자를 받을 수 없는 위험이 발생할 수 있다. 채권은 원금을 갚게 되는 기간이 길기 때문에 처음 채권을 구매할 때는 괜찮았던 기업이 점차 잘못되어 파산한다면 이자는커녕 원금도

못 받을 가능성이 있다. 그러나 채권은 대부분 정부나 공공 기관(지방 자치 단체), 신용도가 높은 주식회사, 은행 등에서 발행된다는 측면에서 투자자에게 돈을 못 갚게 되는 위험 수준은 낮은 편이다. 그러나 투자자는 이러한 위험을 최소화하기 위하여 신용 평가 회사에서 제공하는 정보를 이용하여 채권을 발행하는 기업의 신용도를 확인할 수 있다.

 채권의 신용 평가 등급이 무엇인가?

채권의 신용 평가 등급이란 '채권 발행자가 꾼 돈을 제대로 갚을 수 있을까' 하는 의문을 풀 수 있도록 채권에 일종의 '성적'을 매긴 것이다. 채권을 사는, 즉 돈을 꿔 주는 입장에서는 돈을 받아야 할 때에 혹시 돈을 못 받지 않을까 걱정하게 마련이다. 이를 위해 한국신용평가와 같은 신용 평가기관이 채권을 발행한 기관에 신용 등급을 매긴 것이다. 신용 등급은 AAA, AA, A, BBB, BB, B, CCC, CC, C, D 등 10단계로 나누고 대게 AA부터 BB 등급까지는 다시 AA++, AA, AA- 같이 세 단계로 구분된다.
AAA는 어떤 상황에서도 갚을 게 확실하다는 뜻이고 밑으로 내려갈수록 돈 떼일 위험이 커진다는 의미. 통상 AAA로부터 '갚을 게 유력하지만 환경 변화로 가능성이 떨어질 수 있다'는 뜻의 BBB까지를 '투자 적격 등급'이라고 한다. BB 이하는 투자 부적격 등급이라고 한다. D는 부도 등으로 이미 돈을 갚을 능력이 없는 상태라는 뜻이다.
일반적으로 신용 등급이 밑으로 내려가는 기관일수록 원금을 갚지 못할 위험이 커지므로 그에 대한 보상으로 이자율을 높게 제시하는 경향을 보인다.

이자율이 고정되어 있고 원금을 돌려주겠다고 약속한 기간(상환 기간)까지는 변동을 하지 못하는 특성으로 인해 시장 금리(이자율)가 올라가면 손해를 보게 된다. 채권이 발행된 이후 시장 금리(이자율)가 높아지면 이미 발행이 된 채권의 금리(이자율)는 상대적으로 낮아지게 되는 결과를 가져와 투자자는 채권 구입을 하지 않는 것은 물론 갖고 있던 채권도 얼른 팔아서 은행 예금으로 돌리려고 할 것이다. 특히 가지고 있던 채권을 팔려는 사람은 채권의 원금을 깎아 주면서까지 채권을 얼른 팔아 이자를 많이 주는 은행 예금에 투자를 하려고 하기 때문에 채권의 가격은 구입했을 때보다 낮아지게 되고 투자자는 원금을 깎아서 팔기 때문에 원금 손실의 위험을 가질 수 있다. 그러나 이러한 위험은 시장 금리가 올라간다 하더라도 투자자가 채권의 원금을 받도록 되어 있는 기간까지 팔지 않는다면 원금을 깎이는 위험은 발생하지 않을 것이다.

 채권의 가격과 시장 금리, 무슨 관계가 있을까?

채권의 가격은 채권이 증권회사를 통해 사고 팔리는 가격을 의미한다. 처음 발행할 때는 채권에 표시되어 있는 금액(액면금액)이 그대로 채권 가격이 되나 시장 금리의 변동과 함께 채권 가격은 변하게 된다. 우선 시장 금리가 하락하면 새로 발행되는 채권의 이자율은 낮은 반면 이미 기존에 발행되어 있는 채권의 이자율은 기존에 발행된 채권에 대한 투자자의 수요가 증대되어 기존에 발행된 채권의 가격은 상승하게 된다. 이때 투자자 입장에서는 처음 발행된 금액보다 좀 더 높게 채권을 구매해야 이자율이 높기 때문에 매우 훌륭한 투자 수단이 될 수 있다.

한편 금리가 상승하면 새로 발행되는 채권의 금리는 높은 반면 기존에 발행된 채권의 금리는 낮으므로 기존에 발행된 채권을 팔고 새로 발행되는 채권에 투자하려는 경향이 나타나므로 기존에 발행된 채권의 가격은 하락하게 된다.

이처럼 금리 변동과 채권 가격 간의 관계는 서로 반대의 방향을 가진다. 즉 금리가 하락하면 채권의 가격은 상승하고 금리가 상승하면 채권의 가격은 하락하게 된다.

채권의 유동성

채권의 투자 기간이 길므로 인플레이션으로 인해 화폐 가치가 하락하는 위험이 발생할 수 있다. 채권의 상환 기간은 대체로 1년 이상으로 길기 때문에 채권 상환 기간이 돌아오기 전에 심한 인플레이션 현상이 나타나면 채권에 투자한 돈의 가치가 감소하는 위험이 발생할 수 있다. 예를 들어 채권 이자율이 5%일 때 인플레이션율이 5%라면 실제 수익률은 0%가 되며, 나아가서는 마이너스가 될 수도 있는 것이다.

채권 투자 후 일정 기간이 지나면 얼마의 이익을 얻을 수 있는가 하는 수익성과 원금과 이자를 확실하게 받을 수 있는가 하는 안전성, 그리고 중도에 돈이 필요할 때 현금화가 얼마나 쉬운가하는 유동성 측면에서 살펴보자.

첫째, 수익성 – 채권을 보유함으로써 얻을 수 있는 수익은 채권 발행 기관에서 약속한 이자 수익과 현금이 급하게 필요한 투자자로부터 채권을 싸게 구입해서 비싸게 팔았을 때 얻는 이익(자본 이익)을 들 수 있다.

둘째, 안전성 – 채권은 정부나 공공 기관, 금융 기관, 그리고 신용도가 높은 주식회사 등이 주로 발행하므로 원금과 이자를 확실하게 받을 수 있다는 안전성이 높은 편이다. 주식회사가 발행하는 채권의 경우도 원금 지급을 대부분 금융 기관이 보증하기 때문에 안전성이 높다.

셋째, 유동성 – 채권은 만기일까지 보유하면 확정된 이자와 원금을 받을 수도 있고, 만기일 전에 가까운 증권 회사 지점 등을 통해 언제든지 팔아 현금화할 수도 있기 때문에 채권 보유 기간이 길다는 특성에도 불구하고 유동성이 높다.

채권과 주식은 어떻게 다를까? 채권 투자자의 입장에서 주식은 투자자가 주주로서 회사에 자본금을 제공하는 것이고, 채권은 투자자가 회사에 단순히 자본금을 빌려 주는 것 뿐이다. 따라서 주식은 투자자가 주주 총회 등에 참여하는 등 주주로서 경영에 참여할 수 있는 권리를 갖는 반면, 채권은 경영 권리가 없다. 그리고 회사가 파산했을 때, 남에게 빌린 돈의 성격을 가진 채권은 주식보다 먼저 갚도록 되어 있다. 왜냐 하면 주식 투자자는 투자한 주식회사의 경영에 참여할 수 있는 권리가 주어짐과 동시에 경영에 부실이 생겼을 때에는 그에 대한 책임도 함께 지도록 되어 있기 때문이다.

	채 권	주 식
자본 조달 방법	타인 자본 조달	자기 자본 조달
증권 소유자의 위치	채권자로서의 지위	주주로서의 지위
소유자로부터의 권리	확정 이자를 받을 권리	결산시 사업 이익금에 따른 배당을 받을 권리
존속 기간	기한이 있음	영속성
원금 상환	원금 상환됨	원금 상환 안 됨
자본의 조달 형태	대부(돈을 빌려줌)	출자

성공적인 채권투자전략

성공적인 채권 투자 전략에는 여러 가지가 있지만, 여기서는 시장 이자율 변동에 따른 채권 투자 전략만을 살펴보자. 시장 이자율은 채권의 가격 변동에 영향을 미치는 가장 중요한 요인임을 앞에서 이미 살펴보았다. 이를 위해서는 관련 정보를 토대로 정확한 금리 예측을 할 수 있어야 하며, 이러한 금리 예측을 토대로 투자 수익을 극대화할 수 있는 다음과 같은 방법을 고려해 볼 수 있다.

첫째, 시장 이자율 상승이 예상되는 경우

시장 이자율이 상승하면 이미 이자율이 확정되어 있는 기존의 채권 보다는 은행의 정기 예금 상품에 대한 매력이 커지게 되어(정기 예금 이자율이 채권보다 상대적으로 더 높아지므로) 채권에 대한 투자자의 수요가 상대적으로 낮아질 것이다. 이로 인하여 모든 채권의 가격은 하락하게 되며 특히 이자율이 낮고 상환 기간이 많이 남아 있는 채권의 가격 하락이 심하게 된다. 따라서 시장 이자율 상승이 예상될 때는 모든 종류의 채권 손실을 피할 수는 없겠지만 이를 최소화하려면 이자율이 높고 상환 기간이 짧게 남아 있는 단기 채권의 보유 비중을 확대하는 것이 바람직하다.

둘째, 시장 이자율 하락이 예상되는 경우

시장 이자율의 하락이 예상되는 경우는 상승의 경우와 반대로 낮은 이자율, 상환 기간이 많이 남아 있는 장기채의 보유 비중을 확대하는 것이 가장 효과적이다. 왜냐 하면 시장 이자율하락으로 인해 채권 가격이 상승하게 되며, 채권 가격의 상승폭은 이자율이 낮고 장기채일수록 커서 이익을 극대화할 수 있기 때문이다.

셋째, 시장 이자율의 전망이 불투명한 경우

시장 이자율 변동에 대한 예견을 전혀 할 수 없을 경우는 보유하고 있는 채권의 유동성을 증대시키는 것이 중요하다. 즉 채권의 남아 있는 상환 기간이 단기 혹은 장기의 어느 한쪽으로만 치우치는 것은 매우 위험하다는 점에서 시장 이자율의 상승과 하락 양쪽 모두에 대처할 수 있도록 채권을 보유하는 것이 바람직하다. 구체적인 방법으로는 다음에 설명할 사다리형 투자 전략과 바벨형 투자 전략이 좋다.

사다리형 투자 전략은 구조가 사닥다리를 옆으로 뉘어 놓은 모양과 흡사하며, 바벨은 역도에 쓰는 운동 기구 바벨 모양과 흡사하다고 하여 붙여진 이름이다.

- 사다리형 투자 전략

사다리형 투자 전략은 채권 보유량을 원금 상환까지 남아 있는 기간별로 단기채, 중기채, 장기채로 나누어 동일한 비율로 보유하는 것이다. 이러한 방법은 단순히 시장 금리 변동에 상관 없이 보유 채권 중 단기채의 상환 만기가 돌아오면, 그 원금 상환금으로 장기채에 다시 투자함으로써 사다리형의 투자 유형이 유지될 수 있다. 다시 말해 시간이 흐름에 따라 채권의 상환 만기 잔존 기간이 중기채는 단기채로, 장기채는 중기채로 변화되며 단기채는 만기 상환 시기를 맞게 되고 상환된 돈으로 다시 장기채를 구매하면 항상 채권의 상환 만기별로 동일한 양의 채권을 소유할 수 있다는 논리를 갖고 있다.

사다리형은 시장 이자율이 상승하는 경우 장기채에서 발생하는 자본 손실을 단기채 상환 자금을 다시 재투자할 때 만회할 수 있고, 시장 이자율이 하락하는 경우 보유 채권이 모두 장기채였을 경우보다 수익은 덜하지만 시장 이자율 상승으로 인한 손실도 어느 정도 막을 수 있어서 전체적으로 사다리형 투자 전략은 시장 금리 상승, 하락에 관계없이 평균 수익을 얻을 수 있다.

사다리형 채권 투자 전략의 장점은 첫째, 채권 운용에 가장 어려운 문제인 금리 예측을 할 필요가 없다. 둘째, 단순히 만기가 끝난 채권의 상환 자금으로 대신 장기채만 구입하면 되기 때문에 관리가 간단하여 채권 매매에 드는 시간과 금전 비용이 절감된다. 셋째, 시장 금리의 상승, 하락으로 인한 손실의 위험을 최소화할 수 있다 등이다.

– 바벨(barbell)형 투자 전략

채권 상환까지 남은 기간을 볼 때 중기채를 제외하고 장기채와 단기채만으로 채권 보유를 하는 방법으로, 금리가 상승하는 경우 장기채의 손실을 단기채의 상환 자금으로 상쇄하게 되고, 금리가 하락하는 경우 단기채 상환 자금의 낮은 재투자율을 장기채의 수익으로 보상하려는 투자전략이다.

그러나 바벨형 투자 전략은 사다리형에 비하여 포트폴리오의 유지가 더 복잡하고 거래비용이 증대된다. 즉 단기채가 만기 상환되면 사다리형은 장기채만 재매입함으로서 투자 전략구조가 유지되지만 바벨형은 중기채를 제외하기 때문에 시간이 흐름에 따라 장기채가 중기화되는 것을 방지하기 위하여 더욱 빈번한 교체 매매를 해야만 바벨형 투자 전략 구조가 유지될 수 있기 때문이다.

바벨형 채권 투자 전략의 장점은 첫째, 시중 금리의 상승과 하락으로부터 비롯된 단기채와 장기채의 손실과 자본 이익이 서로 맞물려 이들이 전체 투자 위험을 상쇄해 준다. 둘째, 금리 변동 예측에 따라 장, 단기채의 구매 비율을 변화시킴으로써 높은 수익을 확보할 수 있다. 예를 들면 시중 금리 하락이 예상되는 경우에는 가격 상승폭이 보다 큰 장기채의 구입을 증가시키고 그 반대인 경우에는 단기채의 구입을 증가시켜 수익성을 높일 수 있게 될 것이다.

시장 이자율 변동	만 기	이자율
상승할 때	단기채	높은 이자율
하락할 때	장기채	낮은 이자율

3. 펀드 상품 투자

투자자가 직접 주식이나 채권을 이용하여 투자를 하려면 이에 대한 지식뿐만 아니라 주식시장과 채권 시장의 변동 상황을 늘 살펴보아야 한다. 그러나 전문 지식이 부족하고 시간적으로도 여유가 없는 사람들이 직접적으로 투자를 한다는 것은 원금을 손실할 수 있는 위험도 높고 자칫 생활의 주된 업무에 충실하지 못하게 되는 경우가 많다. 이럴 경우 대부분 간접 투자라는 방법을 이용한다.

간접 투자에는 수익 증권과 뮤추얼 펀드가 있으며 이들은 서로 매우 유사한 특성을 가지고 있다.

(1) 수익증권과 뮤추얼펀드의 운용

수익 증권은 투자자가 투자 신탁[8] 회사에 투자 자금을 맡기고(신탁하고) 신탁 회사가 이 자금을 운영하여 발생한 이익에 대해 이익을 분배 받을 수 있는 권리를 표시한 유가 증권을 의미한다. 그리고 수익 증권은 투자 신탁 회사가 투자 금융 상품을 개발하고 이를 투자자에게 팔아 자금을 운용한 후 수익금을 투자자에게 돌려주는 형태의 금융 상품으로, 투자자는 이를 단순히 구매함으로써 투자가 이루어진다.

이에 비해 뮤추얼 펀드는 투자 전문 회사가 투자자들의 자금을 모아 투자 회사를 설립해 주식이나 채권 등에 투자한 후 그 수익금을 투자자에게 나누어 주는 형태다. 예를 들면 ○○증권사와 같은 투자 전문 회사가 투자자들의 자금을 모아 '무궁화 주식형 5호'라는 주식회사를 만들고 회사의 운용, 즉 자금의 운용을 'GG 자산 운용사'와 같은 전

---

8) 신탁 투자자가 주식, 채권에 직접 투자하기보다는 투자 전문 회사에게 자신의 자금을 대신 운용해 줄 것을 위탁하는 것이다.

문 자산 운용 회사에게 위탁하게 된다. 그러면 자산 운용사는 자금을 주식, 채권 등에 투자하며, 수익금을 배당 형태로 투자자에게 지급한다. 따라서 뮤추얼 펀드는 펀드 상품 자체가 주식회사의 형태를 가지며, 투자자는 '무궁화 주식형 5호'라는 주식을 구입함으로써 투자를 하면서 주주가 된다. 그리고 뮤추얼 펀드투자 기간(주로 1년)이 끝나면 회사를 청산하든가 주주총회를 열어 회사 존속 기간 연장을 결의해 만기를 늘리게 된다.

수익 증권이나 뮤추얼 펀드 자산 운용을 전문적으로 하는 사람을 펀드 매니저라고 하며 연예인에게만 매니저가 필요한 것이 아니라 펀드 (fund) 즉, 자산을 운용하는 데에도 이러한 전문 매니저가 필요하다. 그리고 이들은 수익 발생 여부에 상관없이 일정한 자산 운용 수수료를 받는다.

(2) 수익증권과 뮤추얼펀드의 차이

수익 증권과 뮤추얼 펀드는 투자자로부터 돈을 모아 펀드를 만들어 운용한 후 투자 수익을 실적대로 돌려주는 점에 있어서 외형상으로는 상당히 유사하다. 그러나 설립 절차나 내용상으로는 뚜렷한 차이가 있다.

설립 형태와 투자자의 법적 지위가 다르다

뮤추얼 펀드는 주식을 발행하여 투자자들로부터 자금을 모집한 후 전문적인 자산 운용회사에 자산 운용을 맡겨 주식, 채권, 파생 상품 등에 투자하여 이로부터 얻은 수익을 투자자인 주주들에게 분배해 준다. 뮤추얼 펀드는 주식회사 형태를 취하고 있기 때문에 투자자들의 법적 지위가 주주가 된다는 점에서 투자 신탁 회사의 수익 증권과 다르다.

수익 증권은 수익 증권을 발행하여 투자자들로부터 자금을 모집한 후 모집한 투자 신탁회사가 직접 자산 운용을 하여 이로부터 얻은 수익을 투자자인 수익자에게 분배해 준다. 그리고 수익 증권은 투자 신탁 회사와 투자자 간에 신탁 계약의 형태를 취하기 때문에 투자자의 법적 지위는 계약자가 된다.

이익금의 분배 형태가 다르다

뮤추얼 펀드는 1년간 운용 실적에 대한 이익금을 주주에게 배당금으로 지급하는 데 비하여 수익 증권은 보유 기간 동안의 수익 증권의 수익금을 수익 증권에 투자한 계약자에게 지급한다.

환금 방법이 다르다

우리나라에서 판매되고 있는 폐쇄형 뮤추얼 펀드는 대부분 존속 기간인 1년간 환매를 청구할 수 없다. 단지 증권 거래소 시장이나 코스닥 시장에 상장되어 있을 경우 주식 시장에서 매매를 통해 환금할 수가 있다. 반면 수익 증권은 통상 투자 기간이 3, 6, 12개월로 종류가 나뉘어져 있어, 가입 후 발생한 이익금 중 일부를 환매 수수료로 지급하면 언제든지 현금화가 가능하다.

펀드 운용의 투명성에 차이가 있다

뮤추얼 펀드는 투자자가 주주이기 때문에 회사 운영의 모든 면을 투자자가 알 권리가 있으며, 매일의 수익률과 자산 내역 등을 투명하게 알려 준다. 이에 비해 수익 증권은 펀드 매니저가 어떻게 투자금을 운영하는지 전혀 알 수가 없다.

구 분	수익증권	뮤추얼 펀드
성격	금융상품	주식회사
투자자 신분	계약자	주주
투자 자금 표시	통장 또는 수익증권	주식
돈을 찾으려면	대부분 해약이 쉬움	현재 해약이 어려움

(3) 수익증권과 뮤추얼펀드의 종류

투자 자금 모집 방법에 따라 수익 증권과 뮤추얼 펀드 유형이 서로 다르다. 수익 증권은 자금 모집 방법에 따라 단위형과 추가형으로 분류한다. 단위형 수익 증권은 일정 기간 동안에만 모집하여 펀드를 구성한 다음 그 자산을 운용하여 투자자들에게 이익금을 배당하는 상품이며, 추가형은 최초 펀드 설정 후에도 새로운 투자자들의 자금 유입이 자유롭고 환매 또한 자유로운 펀드를 말한다.

뮤추얼 펀드는 자금 모집 방법에 따라 개방형 펀드와 폐쇄형 펀드로 나뉜다. 뮤추얼펀드는 약속한 투자 기간이 돌아오기 전에 언제든지 판매하여 현금으로 바꾸는 것이 가능한지 혹은 불가능한지에 따라 개방형 펀드와 폐쇄형 펀드로 구분한다. 이름에서 알 수 있듯이 개방형 펀드가 중도 판매가 가능한 종류이고 폐쇄형 펀드가 불가능한 것이다. 현재 우리나라에서는 개방형과 폐쇄형 모두 거래가 가능하다. 폐쇄형의 경우에는 환금성을 도모하기 위해 '공모'의 경우 증권 거래소에 상장시키거나 코스닥에 등록이 가능하도록 되어 있다.

투자 대상이 무엇인가에 따라 주식형 펀드, 채권형 펀드, 혼합형 펀드, 전환형 펀드, 머니 마켓 펀드로 구분하며, 수익 증권과 뮤추얼 펀드가 매우 유사하다.

펀드의 투자 대상에 따라 주식형 펀드, 채권형 펀드, 머니 마켓 펀드(MMF, Money Market Fund) 등으로 분류한다. 주식형 펀드는 주로 주식에 투자하지만 채권형 펀드는 국공채나 회사채 등의 채권에 투자하며 주식에는 투자하지 않는다. 혼합형 펀드는 주식과 투자에 나누어 투자하며, 머니 마켓 펀드는 주로 파생 금융 상품에 투자한다.

주식형 펀드의 경우 주식에 직접 투자하는 것과 유사한 특성을 나타낸다. 채권형 펀드는 주로 채권에 투자하는 펀드로서 주식형 펀드보다는 덜 위험하며 비교적 안정적인 수익률을 제공한다. 혼합형 펀드는 주식과 채권에 나누어 투자를 하는 특성을 갖게 되어 순수한 채권형보다는 적극적인 투자 성향을, 주식형보다는 낮은 위험을 갖는 특성을 갖는다.

이 때 주식에 70~90%를 투자하고 나머지는 채권 등에 투자하는 경우 성장형 펀드라고 하며, 투자 자금의 30~60%를 주식에 투자하고 나머지를 채권 등에 투자하는 경우 성장 안정형이라고 한다. 또한 투자 자금의 30% 이하를 주식에 투자하고 나머지를 채권에 투자하는 경우 안정형 펀드라고 부른다. 전환형 펀드는 처음에는 주식에 적극적으로 투자하다가 일정 수익을 갖게 되면 안정적인 채권에 투자하는 형태를 갖는다. 머니 마켓 펀드는 자금을 단기적으로 운용하는 데 가장 적절한 상품이다.

(4) 뮤추얼펀드의 매매

뮤추얼 펀드에 투자하기 위해서는 주식, 채권 등에 대한 지식을 필요로 한다. 뮤추얼 펀드는 간접 투자 방식이지만 수익률 보장형이 아닌 실적 배당형이기 때문에 항상 투자 손실 위험이 따른다. 따라서 투자자는 투자 결과에 대해 스스로 책임을 지는 자세를 가져야 한다.

투자 절차

뮤추얼 펀드에 투자하기 원하는 투자자는 먼저 자산 운용 회사의 펀드 모집 공고 내용을 살펴야 한다. 그 다음 해당 뮤추얼 펀드를 판매하는 판매 대행 회사(주로 증권 회사)를 방문하여 해당 펀드의 투자 설명서를 받는다. 뮤추얼 펀드는 펀드에 투자하고자 하는 투자자에게 의무적으로 투자 설명서를 제공하여야 한다.

투자자가 펀드에 투자하기로 결정하면 주식 청약서를 작성하고 통장을 개설하면 된다. 이는 일반 주식 공모시 청약 절차를 밟는 것과 유사하다. 주식 청약서 작성 및 통장 개설 후 주식 대금을 지불하면 모든 절차가 끝난다.

이후 투자한 뮤추얼 펀드가 주식 시장에 상장되면 투자자는 투자 자금을 환수하기 원할 때 주식을 팔 듯 뮤추얼 펀드 판매 회사에 가서 뮤추얼 펀드의 주식을 팔아 줄 것을 요청하면 된다. 또는 뮤추얼 펀드의 계약 만료 기간까지 주식을 보유하고 있다가 펀드의 운용 실적에 따라 수수료를 공제한 금액을 배당금으로 수령하면 된다.

매매 요령

첫째, 매매 절차

뮤추얼 펀드를 사고자 할 경우 주식 매매를 하듯 뮤추얼 펀드를 판매하고 있는 증권사에 위탁 계좌를 개설한 후 매수 주문을 내면 된다. 폐쇄형 펀드는 최초의 청약 기간에만 자금 모집을 하고 중도에는 투자 자금을 더 이상 받지 않으므로 폐쇄형 펀드에 투자하고자 하는 경우 주식시장을 통해 사는 방법밖에 없다. 한편 뮤추얼 펀드를 팔고자 하는 경우 위탁 계좌를 설정하였던 해당 증권사에 가서 매도 주문을 하면 된다.

뮤추얼 펀드는 자본금 규모와 주주 수에 따라 증권 거래소와 코스닥 시장 상장 여부가 결정되므로 투자하고자 하는 뮤추얼 펀드가 어느 시장에서 거래되고 있는지 살펴야 한다.

증권 거래소의 경우 자본금 규모가 최저 800억원 이상인 경우에만 상장할 수 있는 반면 코스닥 시장에 등록될 수 있는 펀드는 최저 자본금이 8억원 이상이 되어야 한다. 경제 신문, 증권사 홈페이지 사이트를 비롯하여 주요 일간지 경제면에는 상장된 뮤추얼 펀드의 거래 가격이 매일 제공되고 있다. 투자자는 이를 참고로 뮤추얼 펀드에 대한 정보를 얻을 수 있을 것이다.

둘째, 주식 시장에서 뮤추얼 펀드 매매의 장단점

뮤추얼 펀드 설정시 청약을 통해 매입하는 것보다 주식 시장에서 매입하는 것은 다음과 같은 점에서 유리하다. ①폐쇄형 펀드는 주식 시장에서 펀드 가격이 내재 가치보다 낮게 형성되는 경향이 있으므로 상대적으로 싼 가격에 매입할 수 있다. ②설정시 최저 투자 금액이 높아 매입할 수 없었던 투자자는 뮤추얼 펀드가 증권 거래소에 상장되거나 코스닥 시장에 등록되면 최저 투자 금액의 제한을 받지 않고 투자를 할 수 있다.

뮤추얼 펀드를 펀드 설정시 청약을 통해 매입하는 것보다 주식 시장에서 매입하는 경우의 단점은 상장 및 등록 후 펀드의 유통량이 적으면 매입하고 싶어도 매입할 수 없는 경우가 발생할 수도 있다는 점을 유의해야 한다.

'선물(先物)거래'란 매매 계약은 현재 시점에서 이루어지는데, 매매 계약의 대상물은 미래의 약속된 일정 시점에 주고받는 거래를 말하며, 농산물 도매업자와 농부 간에 비공식적으로 이루어지는 일명 '밭떼기'가 초보적인 선물 거래에 해당한다고 볼 수 있다. 가령 연초에 배추 장사가 배추밭을 눈여겨보고, 겨울 김장철에 배추값이 크게 오를 것을 고려하여 배추밭 주인과 배추밭 1마지기에서 생산될 배추 전부를 100만 원에 매입한 경우를 가정하자. 실제로 겨울철 배추값이 크게 오르더라도 배추 장사 입장에서는 사전에 정해진 가격으로 배추 생산량을 인수할 수 있으므로 추가적인 비용 부담이 발생하지 않게 된 것이다. 배추밭 주인 입장에서는 배추 가격이 하락할 경우 손해가 발생할 수도 있었으나 사전에 정한 가격이 있어 마음 편하게 배추를 판매하게 된다.

선물 거래에서 농산물, 축산물, 에너지, 금속 원자재 등을 대상으로 할 경우 상품 선물거래라 하고 통화, 금리, 주식, 주가 지수 등의 금융 상품을 대상으로 하는 선물 거래를 금융 선물거래라 한다. 선물 거래의 목적은 미래의 과도한 가격 변동 위험에 대비하여 안정적인 거래를 보장받거나 뛰어난 가격 예측을 바탕으로 이익을 남기기 위한 것이며, 금융 시장을 다양하고 대규모로 확대하는 데 기여하였다.

'옵션(Option) 거래'란 문자 그대로 선택권(Option)을 사고파는 거래다. 구체적으로는 상품, 주가 지수, 유가 증권 등을 사전에 정한 가격으로 미래의 일정 시점에 살 수 있는 권리(Call Option) 또는 팔 수 있는 권리(Put Option)를 현재 시점에 거래하는 것을 의미한다. 예를 들어 주가 지수 옵션거래는 주식 시장에서 매매되고 있는 전체 주식 또는 일부 주식의 가격수준을 나타내는 주가 지수를 대상으로 하는 옵션거래를 말한다.

주가 지수 옵션거래에 참가하는 사람은 미래 종합 주가 지수가 상승할 것으로 예상할 경우 일정 금액의 프리미엄(premium)을 거래 상대방에게 지불하고, 사전에 정한 가격에 주가 지수를 살 권리(Call Option)를 매입하게 되며, 만일 미래 약속한 시점에서 예상과 달리 가격이 상승하지 않았다면 살 권리를 포기하면 된다. 반대로 하락할 것으로 예상할 경우에는 사전에 정한 가격에 팔 권리(Put Option)를 사 두게 되는데, 미래 시점에 가서 예상과 달리 가격이 하락하지 않았다면 팔 권리를 포기하면 된다. 예를 들어 현재 시점의 주가 지수가 50포인트이고, 가격은 1계약당 50만원으로 가정하자. 어떤 투자자가 주가 지수가 지속적으로 상승할 것으로 예상하고 1년 후 시점에 50만원에 살 수 있는 권리(Call Option)를 매입하고, 상대방에게 10만원을 지불한 경우, 실제로 1년 후 주가 지수가 70포인트로 상승시 20만원의 차익이 발생하게 된다. 결국 프리미엄으로 지불한 10만원을 제외하고 순수익은 10만원이 된다. 만일 투자자의 예상과 달리 주가 지수가 30포인트로 하락한 경우라면 주가 지수를 살 수 있는 권리를 굳이 행사하지 않고, 프리미엄 10만원의 손해만 감수하고 말 것이다.

 종합주가지수와 코스피지수란?

종합주가지수 : 어느 특정 시점(1980년 1월 4일) 주식 시장 전체의 주식 가치 총액(시가총액)을 100으로 하고 비교 시점 주식 가치(시가총액)와 비교하여 기준 시점의 가격 수준인 100에 대한 상대적인 가치로 환산하여 산정한다.

코스피(KOSPI) **200 지수** : 증권거래소가 선물과 옵션 거래 대상으로 사용하기 위해 개발한 지표로 산업별 대표성과 유동성을 감안하여 선정한 200개 종목의 시가 총액을 계산하여 산정한다.

(5) 해외 펀드

국내 투자자의 투자자금으로 해외 시장의 주식, 채권, 펀드 등의 유가증권에 주로 투자하는 펀드를 말한다. 일반적인 국내 펀드와 동일하며, 주요 투자대상이 해외 유가증권이라는 점에서 그 차이를 둘 수 있다.

해외 펀드는 국내에 존재하지 않는 유형의 다양한 유가증권에 투자하게 되므로 투자자에게 더욱 다양한 금융상품 선택 기회를 제공할 수 있다는 장점이 있는 반면 해외 시장을 잘 알지 못하면 큰 낭패를 볼 수 있다는 점도 주의해야 한다.

해외 펀드는 크게 2가지로 나눌 수 있다. 국내에서 투자자금을 모아 해외에 있는 자산에 투자하는 '해외투자펀드'와 해외 운용사가 모집하며 펀드설립근거법이 해외인 '역외펀드'로 구분된다.

해외 펀드는 원화로 표시되며 주로 펀드 자체에서 환헤지를 할 수 있다. 주요 투자대상이 해외자산이라는 점을 제외하고 국내 투자펀드와 동일하며 일부 국내자산에도 투자하는 것이 일반적이다.

해외 펀드에 투자할 때 반드시 짚고 넘어가야 할 점이 있다. 첫째는 비과세 혜택 여부다. 국내 주식형 펀드의 경우 매매차익에 대해 비과세 혜택이 주어지지만 해외펀드는 비과세인지 여부를 먼저 확인해야 한다. 둘째 환율변동에 대한 대비책이다. 해외운용사가 운용하는 역외펀드에 가입하려는 펀드의 통화를 확인하고 적절한 리스크 헤지 방안을 생각해야 한다.

해외 펀드는 이러한 각각의 장단점이 있기 때문에 이를 고려하여 선택해야 한다.

해외 펀드와 역외 펀드의 차이

해외 펀드

우리나라 자산운용사가 국내에서 자금을 모집하여 해외에 투자하는 펀드다. 해외펀드 중에서 유일하게 비과세혜택이 있으며 원화로 거래하며 환헤지가 가능하다는 게 강점이다. 특히 국내에서 해외에 투자한 경험이 적고 정보가 부족해 안전성에 문제가 있을 수 있는 점에 주의해야 한다.

역외 펀드

해외자산운용사가 외국에서 펀드를 만든 뒤 한국에서 판매하는 펀드로 전세계 투자자를 대상으로 판매와 운용이 이뤄질 만큼 우수하고 검증된 펀드가 많다. 투자자는 외화로 거래해야 하며 환헤지가 힘들고 환율에 따라 최종 수익률이 된다.

해외 펀드 투자전략

첫째, 펀드 기준가 적용에 주의해야 한다

해외 펀드는 일반적으로 기준가 확정일이 국내 펀드에 비해 하루정도 낮다. 예를 들면 중국 펀드의 경우 일반적으로 오후 3시 이전 환매한 경우 다음날 중국 증시를 반영한 3일 뒤 기준 주가를 적용해 펀드 수익률을 확정한다. 오후 3시 이후에 환매할 경우 4일 뒤의 기준가를 적용한다.

역외 펀드의 경우 국내 주식형 펀드와 마찬가지로 환매를 신청한 다음날을 기준으로 환매금액이 결정된다. 영업시간에 역외 펀드를 환매한 경우 주로 런던주식 시장 폐장시간인 오후 4시30분(현지 시간 기준)이후에 기준가격이 정해진다. 한국시간으로는 새벽 1시30분에 펀드기준가가 결정된다.

둘째, 다른 펀드에 비해 환매일이 길다

실제 투자금을 받아보는 날은 일반적으로 환매신청 후 8영업일 뒤에야 가능하다. 이 기간 동안 환율 변동 및 수익률이 변동 될 수 있다.

셋째, 환율 변동에 수익률이 달라진다

아무리 수익률이 좋더라도 해외펀드 투자 시점과 환매 시점의 차이에 의해 수익률이 하락할 수 있다. 해외펀드에 투자하기 전 불확실성을 줄이고자 한다면 투자하고자하는 펀드가 환헤지가 되는지 알아보아야 한다.

넷째, 분산투자로 위험 나눈다

해외 투자 펀드도 다양한 펀드 유형의 하나인 만큼 포트폴리오 분산 차원에서 접근해야 한다. 국내 투자 펀드와 마찬가지로 해외 펀드도 갑작스런 증시 조정 등으로 수익률이 급격하게 악화될 수도 있기 때문이다. 따라서 국내 주식형 펀드에 자산의 일부를 맡긴 상태라면 위험분산의 목적을 극대화하기 위해 국내 증시와 상관관계가 낮은 지역 혹은 자산을 선택하는 것이 좋다.

다섯째, 위험 요인과 세금 부담은 감수해야 한다

국내 펀드와 마찬가지로 해외 펀드에도 위험은 항상 따르기 마련이다. 아무리 성장 가능성이 높은 투자 대상이라도 다양한 변수에 의해 가격 변동이 나타나기 때문이다. 더욱이 해외펀드의 경우 관련 자산 가치 변동 상황을 국내 펀드만큼 소상하게 알기 어렵기 때문에 추가적인 위험을 감수해야 한다.

여섯째, 여러 나라에 분산된 상품을 찾아라

음 해외 펀드에 투자한다면 글로벌 펀드나 아시아 펀드 등에 투자하고 추가로 동유럽형이나 친디아 펀드 등에 가입하는 식이다. 여러 국가나 지역 등에 골고루 분산된 펀드에 우선 가입하고 특정 지역이나 특정 국가, 특정 업종에 투자하는 해외 펀드를 추가한다.

일곱째, 핵심 – 위성 전략으로 포트폴리오를 짠다

상대적으로 투자하는 범위가 넓은 핵심과 투자 범위가 특화된 위성 전략을 구사한다. 핵심은 안정적인 성과를 추구한다면 위성은 추가 수익을 얻으려는 것이다.

여덟째, 투자 시점을 달리한다

투자 시점을 나눠 적립식 투자를 하면 설사 해외 펀드 가입 이후 주식시장 상황이 악화되더라도 더 싼 가격으로 더 많은 펀드를 살 수 있기 때문에 주가가 오를 때 더 높은 성과를 기대할 수 있다.

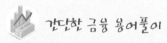 간단한 금융 용어풀이

1. SMMF(Short-term Money Market Funds)
초단기우대 공사채형 펀드로 투자신탁회사가 고객 돈을 증권금융이 발행한 어음 등 단기금융자산에 투자한 후 수익금을 되돌려 주는 상품으로 1997년 8월에 본격 시판됐다. 중도해약수수료가 없어 언제든지 자유롭게 돈을 넣고 찾을 수 있다. 이자율은 MMF보다 낮지만 하루만 맡겨도 이자가 지급되므로 30일 미만의 자금운용에 유리하다.

2. ELS(Equity Linked Securities)
주가지수연계증권이라고도 하는 주가연계증권(ELS)은 주가 또는 지수의 변동에 따라 만기 지급액이 결정되는 증권으로서, 투자자는 만기시에 원금+α 또는 원금의 일정비율을 받게 된다. 투자자금의 일부는 채권투자를 통해 원금을 일정부분 보장하고 나머지는 주가지수 또는 개별 종목의 등락에 연동해 수익률을 결정하는 옵션 등으로 구성된 파생상품의 일종이다.

3. ELF(Equity Linked Fund)
투자신탁회사들이 증권사들이 발행한 ELS 상품을 펀드에 편입하거나 자체적으로 원금보존 추구형 펀드를 구성해 판매하는 것은 주가연계펀드(ELF)라 한다.

4. ELD(Equity Linked Deposit)
은행이 투자 원금중 일부를 원금이 보장되는 이자율로 정기예금에 넣은 뒤 나머지 돈으로 주가지수 옵션 등에 투자, 만기시 예금 원금은 보장하면서도 이자수익을 가지고 주가지수에 연동해 추가 수익을 내는 주가지수연동 정기예금이다.

4장

테마별 재테크

FINANCIAL TECHNOLOGY

내 집 마련 | 싱글족을 위한 재테크 | 30대~40대 재테크
노후를 위한 재테크 | 주식 투자 | 신용카드 재테크

1. 내 집 마련

"전세기간 만료일이 다가오는데, 이번에는 인상분을 월세로 달라고? 가지고 있는 돈으로 새 전세 구하기도 마땅찮고, 2년마다 이런 고민 정말 지겹다. 하루 빨리 내 집을 마련해서 두발 뻗고 정착해야 할텐데…"

이처럼 내 집 마련은 많은 사람들의 당면 과제다. 아파트 분양정보나 청약예금에 관한 정보, 분양권에 관한 정보 등 신뢰할 만한 정보가 많이 필요하다. 그리고 아파트 매매나 분양신청시 주의해야 할 내용들이 무엇인지도 중요하다.

내 집 마련을 자기 돈만으로 해결할 수 있는 사람은 극히 드물다. 하루가 다르게 치솟는 전세보증금을 올려주느니 대출을 받아 아예 사버릴 수도 있다. 아니면 법원이나 성업공사의 경매나 공매 물건을 노리는 것도 괜찮은 방법이다.

(1) 집 늘려가기

생활이 안정되고 아이들도 다 자라서 고등학생 또는 중학생, 모두가 자신들만의 공간을 찾으려고 하는데 주거공간은 그대로이고 어떻게 해야 할까?

이때쯤 되면 샐러리맨일 경우 노후대책까지 생각하지 않을 수 없다. 언젠가부터 우리나라에서도 평생직장의 개념이 사라지고 40대가

지나면 은퇴를 생각해야 하는 그런 상황이 되어버렸다. 그러므로 집을 늘려가더라도 노후를 고려하지 않을 수 없다.

이제는 전원을 찾아 교외로 나가자

서울을 벗어나 한강을 보면서 아니면 관악산이나 북한산을 바라보면서 생활공간을 늘리는 것도 나쁘지 않을 것 같다. 특히 한강 이남보다는 일산, 파주 또는 남양주 등지의 아파트의 경우 서울시내의 전세가격 수준으로 동일한 평형의 아파트를 구할 수 있다. 또한 대규모 아파트 단지가 들어서면 거의 예외 없이 서울로 진입하는 도로가 개통되는 것이 요즘의 추세이므로 이를 고려하여 아파트를 결정하면 틀림없이 만족을 얻을 수 있을 것이다.

노후까지 고려한다면 임대 가능한 다가구주택을 찾아라

사무실 밀집지역 또는 대학가에서는 원룸의 인기가 상당히 높은 수준이다. 아직까지 오피스텔은 투자 부동산으로는 부담스런 측면이 많으므로 큰돈을 들이지 않고 적당한 임대수익과 주거문제까지 해결하는 방안으로 다가구주택 또는 연립주택이 유망하다.

전원주택은 직장과 멀지않은 곳에서

아파트와는 달리 전원주택은 다소 넓은 대지를 필요로 하기 때문에 수도권 근교라 하더라도 상당한 비용이 소요될 수 있다. 이미 개발되어 있는 택지를 분양받는 경우는 땅값이 만만치 않은 반면 택지로 형

질변경이 가능한 다른 용도의 토지를 매입하여 개발훼손부담금을 부담한 후 택지로 변경한다면 시간은 다소 걸리더라도 수익률은 훨씬 높아질 것으로 보인다. 그렇다 하더라도 직장에서 너무 멀리 떨어져 있으면 기동성에 문제가 있으므로 이를 충분히 감안하여 결정해야 한다.

(2) 청약예금을 들어라

아직까지 우리나라에서 가장 용이하게 주택을 구입할 수 있는 방법은 주택청약제도를 이용하는 것이다. 청약 관련 예금은 모든 시중은행에서 취급하고 있다.

주택청약제도

주택의 효율적인 공급을 위하여 정부가 도입한 제도로 청약관련 예금을 통하여 일정한 요건을 갖춘 자에 한하여 동시분양되는 아파트에 청약할 수 있는 자격을 주는 제도다. 이 청약예금제도는 분양 받기를 원하는 아파트종류와 예금의 납입방법에 따라 아파트는 국민주택, 민영주택 및 중형국민주택으로, 예금은 청약예금, 청약저축, 청약부금의 3종류로 각각 분류된다. 또한 납입한 금액의 예치기간과 청약자의 자격요건에 따라 1순위, 2순위, 3순위로 청약자격이 구분이 된다.

청약통장의 종류

청약 관련 통장은 3가지가 있다. 청약저축, 청약예금 그리고 청약부금이 그것이다. 세 가지 예금은 각각 분양 받고자 하는 주택과 관련이 있다.

　주택에는 국민주택, 민영주택 그리고 중형국민주택이 있는데 국민주택이란 국민주택기금의 지원을 받아 민간건설업자 또는 국가·지방자치단체 및 대한주택공사 등이 공급하는 전용면적 85m² 이하의 규모의 주택을 말한다.

　민영주택은 국민주택기금의 지원없이 공급하는 주택으로 민간건설업자가 건설하는 경우에는 평형의 구분이 없고 국가·지방자체단체 및 대한주택공사 등이 공급하는 경우는 전용면적 85m²을 초과하는 주택이다.

　그리고 중형국민주택은 민간건설업자가 국민주택기금의 지원을 받아 공급하는 주택으로 전용면적 60m²를 초과하고 85m² 이하인 주택을 지칭한다.

　국민주택을 청약 받기 위해서는 청약저축, 민영주택을 청약하기 위해서는 청약예금과 청약부금을 가입하면 됩니다. 그리고 민간건설업자가 공급하는 국민주택인 중형국민주택은 세 가지 예금 중 해당금액 이상의 예금이면 어느 것을 가입해도 청약을 할 수 있다.

예치금액

　청약 관련 예금은 분양 받고자 하는 아파트의 평형과 지역에 비례하여 가입예금의 금액이 결정된다.

청약예금은 일정금액의 돈을 일시에 정기예금으로 예치하여 일정
기간이 경과하면 민영주택의 청약자격이 발생한다. 전용면적 85m² 이
하의 경우 서울과 부산은 300만원, 기타 광역시 250만원, 그리고 그
지역은 200만원이다. 102m² 이하의 경우 서울과 부산은 600만원, 기
타 광역시는 400만원, 나머지 지역은 300만원이다. 135m² 이하는 서
울과 부산이 1,000만원, 기타 광역시가 700만원, 나머지 지역이 400
만원이다. 그리고 135m²를 초과하는 경우 서울과 부산은 1,500만원,
기타 광역시는 1,000만원, 나머지 지역은 500만원입니다.

<평형별 지역별 청약예금 가입 내역>

(단위 : 만원)

구 분	서울 / 부산	기타광역시	기타시군
85m²(약 25.7평) 이하	300	250	200
102m²(약 30.8평) 이하	600	400	300
102m² 초과 135m² 이하	1000	700	400
135m²(약 40.8평) 초과	1500	1000	500

청약부금은 적금형식으로 매월 일정금액 내에서 불입하여 납입인
정금액이 지역별 청약예금 예치금 이상이고 일정기간이 경과하면
85m² 이하의 민영주택 및 중형국민주택의 청약이 가능한 예금이다.
서울과 부산은 최저예금금액이 300만원, 기타 광역시는 250만원, 나
머지 지역은 200만원이다.

서울 / 부산	기타광역시	기타시군
300만원	250만원	200만원

청약저축은 청약부금처럼 적금형식으로 불입하여 일정기관이 경과하면 국민주택 및 중형국민주택 청약권이 부여된다. 납입총액의 제한이 없으며 매월 2만원에서 10만원까지 5,000원 단위로 자유롭게 납입이 가능하다. 이렇게 매월 약정납임금액 이상으로 24개월 이상 납입하면 청약저축 1순위가 되고 12개월 이상 납입하면 2순위가 된다.

청약순위와 자격요건

청약예금과 부금은 해당예금을 2년 이상 가입하면 무조건 1순위자격이 주어지고 6개월 이상이면 2순위 자격이 주어진다. 다만 청약저축의 경우 해당 예금을 24개월 이상 연체없이 납입하면 1순위, 12개월 이상 납입하면 2순위자격이 주어지고 그 외에는 가입자들은 해당예금의 3순위 자격이 된다.

청약예금과 청약부금의 가입자격은 20세 이상의 개인(재외동포 및 외국인 포함) 또는 20세 미만의 세대원이 있는 세대주이면 된다.

청약순위는 민영주택과 국민주택이 조금 다르다. 민영주택을 보면 1순위 자격자는 청약예금에 가입하여 2년이 지난 가입자, 청약부금에 가입하여 2년이 지나고 지역별 85m² 이하 청약예금 이상인 가입자,

청약저축 1순위 자격을 취득하고 지역별 청약예금 예치금액 이상이
되며 최초 입주자 모집 공고 전까지 해당 청약예금으로 전환한 가입자
등이다.

국민주택의 경우 1순위는 청약저축에 가입하여 2년이 경과하고 월
납입액을 연체없이 24회 이상 납입한 가입자, 2순위는 청약저축에 가
입하여 6개월이 경과하고 월 납입액을 6회 이상 납입한 가입자, 3순위
는 1순위와 2순위에 해당되지 않는 자를 말한다.

중형국민주택의 경우 1순위 자격자는 청약저축에 가입하여 2년이
경과하고 월 납입액을 연체없이 24회 이상 납입한 가입자, 85m² 이하
청약가능한 청약예금에 가입하고 2년이 경과한 가입자, 청약부금에
가입한지 2년이 경과하고 납입액이 지역별 85m² 이하 청약예금 예치
금액 이상인 가입자 등이다.

평형전환
평형변경은 큰 평형에서 작은 평형으로 변경하는 것은 청약 대상 아
파트의 최초 입주자모집공고 전일까지 변경하면 된다. 그러나 작은 평
형에서 큰 평형으로 변경하는 것은 다르다. 우선 청약예금의 경우 가
입 후 2년이 경과하여야 하고 이전에 평형변경을 한 적이 있는 사람은
변경 후 2년이 경과해야 한다. 예치금액은 해당 평형별 예금을 예치하
면 되고 청약자격은 변경 후 1년 후에 발생한다. 청약부금도 1순위자

격을 취득한 가입자이면 가능하고, 이전에 변경한 적이 있는 가입자는 마찬가지로 그날로부터 2년이 경과해야 가능하다. 청약자격은 청약예금과 동일하게 해당금액을 예치하고 1년이 경과하면 된다. 청약저축 가입자는 큰 평형으로 가려면 청약예금으로 변경하여야 하는데 이 경우에는 납입인정금액이 지역별 청약예금예치금 이상이어야 가능하고 순위기산일은 청약저축가입일이다. 특이한 것은 전환 후 자격은 청약 제한기간 없이 즉시 발생한다는 사실이다.

소득공제

청약과 관련하여 소득공제를 받을 수 있는 방법은 2가지다. 장기주택마련저축과 주택은행의 청약저축이다. 해당예금에 가입한 가입자는 연간 총불입액의 40%를 공제받을 수 있는데 한도는 장기주택마련저축과 주택은행의 청약저축은 300만원까지 공제가 된다.

아파트 선택시 유의점

주택청약제도는 서민들을 위한 대적인 정책금융이다. 그러나 외환위기 이후 이 제도의 취지가 많이 퇴색되어 지금은 어떤 면에서 보면 재테크의 수단으로 자리 잡고 있다고 해도 과언이 아니다. 이런 맥락에서 볼 때 청약통장은 다음의 3가지를 유념하여 활용하는 것이 좋다. 첫째 입지환경이 우수한 아파트를 청약할 것, 둘째 자금부담이 되더라도 중형아파트를 청약할 것, 셋째 인기지역은 예외없이 청약할 것 등이다. 이 세 가지를 유념하면 프리미엄이 있는 아파트를 얻는 지름길

이 될 것 같다. 생활환경이 향상될수록 주거공간의 내적 외적조건에
대한 수요가 점차 늘어가기 때문이다.

(3) 분양정보에 관심을 두어라

아파트 청약을 하고 싶어도 분양 정보가 없으면 아무 소용이 없다.
신문 등에 나오는 분양 정보를 꼼꼼히 살피는 것도 좋은 방법이 된다.

연초의 분양정보에 관심을 두어라

새해가 되면 대부분의 건설사들은 그 해에 분양할 아파트에 대한 분
양계획을 발표한다. 우리나라의 아파트 시공능력을 갖춘 회사가 대략
100여개로 추산되고 그 중에서 메이저급은 대략 10여개로 압축된다.
특히 이 메이저급이라고 할 수 있는 회사들이 분양하는 아파트들은 눈
여겨볼 필요가 있다. 왜냐하면 시공경험이라든가 설계능력이라든가
하는 전반적인 아파트에 대한 시공능력이 비메이저급과 조금 다르기
때문이다. 같은 값이면 투자수익률이 높은 시공회사를 선정하는 것이
유리하지 않을까.

미분양아파트는 싸게 살 수 있다

외환위기 이후 미분양아파트가 부쩍 늘었다가 건설회사의 적극적
인 미분양해소 정책의 시행으로 많은 미분양아파트를 해소한 적이 있
다. 미분양정책이란 한마디로 가격할인정책인데 분양금액을 일정부분
할인해주는 정책과 중도금과 잔금에 대해서 일정기간동안 무이자로

대출해주는 정책 등 두 가지로 구분한다. 그런데 최근에는 여기에 기존의 설계를 입주자의 취향에 맞게 변경해주는 리모델링 서비스까지 등장하고 있다. 가격의 할인은 직접적인 효과를 볼 수 있지만 무이자 대출은 대출기간동안 이자를 감면 받아 그 이자만큼 할인효과를 얻는 보다 장기적인 효과라 할 수 있다.

입주예정아파트에 관심을 두어라

모든 분양아파트는 입주예정일을 공시하고 있다. 그러나 실제 입주일은 시공회사가 부도나지 않는 한 대개 2~3개월 정도 앞당겨지는 것이 보통. 이러한 입주예정아파트를 시공회사별로 모니터링 하여 분양권의 가격변동을 살펴보면 통상 분양일부터 마지막 중도금 납부시기까지 완만하게 상승하다가 이 시점에서 소폭 하락하거나 보합세를 유지한다. 이렇게 되는 이유는 입지여건이나 해당아파트의 아파트의 품질이 좋아서 이것이 프리미엄으로 반영되는 부분과 이미 납부하는 중도금에 대한 이자가 분양권의 가격에 반영되는 부분으로 설명할 수 있다. 그러므로 입주예정아파트의 주변여건 등에 대한 프리미엄을 분석하여 저평가된 아파트의 분양권을 매입하는 것도 부동산투자에 대한 좋은 방안이 될 수 있다.

주상복합 또는 독신자아파트도 관심대상

반드시 아파트가 아니더라도 전원주택단지 또는 독신자 아파트단지도 평소에 조금씩 관심을 기울이면 실전에 유용하게 활용할 수 있으므로 관심을 둘 필요가 있다. 최근에는 쇼핑과 헬스코너를 완비한 주상복합아파트가 많이 분양되고 있는데 전원주택, 주상복합 및 독신자 아파트 등은 동시분양대상이 아니므로 누구나 수의계약으로 분양받을 수 있다. 다만 주상복합아파트의 경우는 투자에 조심해야 한다. 일반적으로 주상복합아파트는 상가지역에 건설되는 경우가 많아 용적률이 주거지역의 아파트와는 상당한 차이가 발생하므로 실평수 기준 평당 분양가가 일반주거지역의 아파트보다 두 배 이상 비싼 경우도 있으므로 이를 반드시 확인해야 한다.

(4) 대출 받을 수 있는 금융상품

통상 주택마련을 위해서는 어느 정도 대출을 받는 것이 필요한데 주택담보대출을 제외하고는 대출 관련 예금을 들어두는 것이 이자율도 저렴하고 또한 손쉽게 대출을 받을 수 있으니 미리미리 준비하는 것이 좋다. 통상 주택담보대출은 만기가 긴 것이 일반적이다. 금융환경이 변하면 곧바로 태도를 바꾸는 것이 금융기관이기 때문에 나중을 대비하여 보다 안정적인 대출상품을 찾아서 준비하는 것은 시간이 지나도 반드시 필요하다.

(5) 법원 경매

법원경매는 법이 정한 일정한 범위 내에서 개인이 가지고 있는 자산을 처분하는 것을 말한다. 은행에서 대출을 받았다가 대출금을 갚지 못할 경우, 정부의 각종 공과금을 내지 않았을 경우 등등 여러 가지 이유로 인해 법원 경매가 많아지고 있다. 특히 비교적 적은 자산으로 큰 자산을 살 수 있다는 인식이 널리 퍼지면서 너도나도 법원 경매에 참여하는 경우가 있다.

그러나 법원경매는 물건에 결부된 여러 가지 법 사항을 훤히 알아야 하고 보이지 않는 권리분석이 필요하므로 사전에 치밀한 공부와 다양한 경험이 있어야 소기의 목적을 이룰 수 있음을 명심해야 한다.

(6) 성업공사 공매

공매는 법원경매와 더불어 부동산의 공개입찰매각의 가장 일반화된 방식이다. 이러한 공매는 개별금융기관이나 기업도 할 수 있지만 대개는 공매에 대한 각별한 노하우가 있는 한국자산관리공사(KAMCO)가 매매를 위탁받아 시행하는 것이 보통이다.

공매 대상물건은 유입자산, 고정자산, 수탁자산, 압류자산, 국유자산으로 분류된다. 보통 금융기관이나 기업체가 소유하고 있는 비업무용 부동산이나 세금을 내지 못하여 국가기관 등이 체납자의 재산을 압류한 후 매각하는 부동산이 대부분이다.

2. 싱글족을 위한 재테크

독립을 한다는 건 잠자리만 바꿨다는 것을 의미하지는 않는다. 가장 중요한 것은 부모로부터 경제적, 심리적으로 독립했다는 사실. 누구에게도 손 벌리지 않고 생활해 나갈 수 있고 미래자금을 자신의 힘으로 마련할 수 있을 때만 진정한 독립이 이루어지는 법이다.

따라서 독신생활의 제1포인트는 역시 재테크 플랜. 고정적인 수입이 보장되는 탄탄한 직업은 기본이고 수입을 적절하게 분배해 모으고 불 리는 일은 언제 어떤 생활의 변수가 생길 지 모르는 독신생활에서 아무리 강조해도 지나치지 않은 대목이다. 경제적 압박이 심한 요즘, 결혼이든 이직이든 아니면 해고든 미래의 변화된 자신을 위해 있을 때 모아두는 '개미근성'은 경제 훈련법 제1조. 혼자 살면서 직업이 확실하지 않으면 대출도 까다롭다. 이런 경우를 대비해 은행은 주로 한 곳을 집중적으로 이용하고 보증인도 만들어 둔다.

(1) 싱글족을 위한 재테크 포인트

홀로서기는 경제력이 뒷받침 되어야 가능하다. 부모님이나 주변의 도움을 받더라도 반드시 갚는다는 마음으로 플랜을 짜야 한다.

쓰기 전에 저축플랜부터 세우라

싱글로서 재테크는 얼마만큼 버느냐가 아닌 얼마만큼 소비하느냐에 따라 결정된다. 소득대비 지출이 그 어느 계층보다 높으며 소비 성향 역시 수시로 바뀌기 때문. 소득을 늘리기보다는 소비를 줄이는 것이 효과적이다.

소득이 발생하면 먼저 저축액을 따로 떼어놓고 나머지로 소비하는 습관이 무엇보다 중요하다. 월급을 확인하면 한 달 저축플랜부터 점검

한다. 급여통장에서 곧바로 각종 저축통장으로 자동이체시키는 게 여러 모로 편리하다.

경제 관련 기사를 스크랩하라

처음부터 재테크에 탁월한 감각을 가진 사람은 없다. 관심을 가지고 정보를 모으려면 경제신문 하나쯤은 정기구독하는 열의가 필요하다. 일단 신문, 방송, 인터넷 등을 통해 제공되는 경제, 재테크 관련 내용에서 정보를 모으고, 주 거래은행을 만들어 담당자에게 확실한 재테크 전략을 배우는 것도 한 가지 방법이다.

3년 단위로 저축플랜을 짜라

재테크의 첫 번째 조건은 미래설계. 내 집 마련이 목적이라면 '내집마련주택부금' 등 청약관련 상품에 들어놓는다. 청약을 통한 주택마련은 물론 전세자금 대출 및 주택구입자금 대출 등을 가장 좋은 조건으로 받을 수 있다.

몇 년 안에 직장생활을 정리하고 자기사업을 계획하고 있다면 창업관련 상품에 가입한다. 창업 시 사업자금을 대출 받을 수 있는 서비스도 제공된다. 노후를 준비 한다면 '개인연금신탁'에 가입하여 이자의 비과세 및 연말 소득공제 혜택도 받을 수 있다.

은행만이 전부가 아니다, 시야를 넓혀라

손쉽게 거래할 수 있는 곳은 물론 은행이지만 재테크에 조금 더 관심 있는 상태라면 증권사, 투자신탁사, 상호신용금고 등 목돈을 굴리는데는 오히려 유리하다. 얼마간 목돈을 굴릴 생각이라면 은행보다 높은 수익률이 보장되는 증권사나 투신사의 '공사채'를 이용할 수 있고, 단기의 운용이라면 새마을금고를 이용하는 것이 가장 높은 수익률을 얻을 수 있다.

절세상품을 선택해 세금을 줄여라

매월 저축이 목적이라면 '비과세 가계신탁' '근로자 우대신탁' 등 비과세 상품이 유리하다.

목돈을 굴리려면 '근로자 주식저축'(증권사) 등 비과세 상품 및 '세금우대 공사채'(투신사) 등 세금우대 상품에 투자한다. 새마을금고, 신용협동조합, 농수축협 단위조합 등 상호금융권 상품은 은행에 비해 저율과세라 세금우대 상품보다 유리하다.

비과세 등 상품은 반드시 가입하라

현재 나온 3년 이상 적립식 저축상품 중 은행권의 비과세 가계신탁과 근로자 우대신탁을 따라올 상품은 없다. 이 상품들은 기본적으로 자유적립식 상품이기 때문에 현재의 저축 가능액과 상관없이 무조건 들어두는 것이 좋다.

여성우대 상품을 적극 이용하라

금융상품 중에는 여성만 가입할 수 있고 여성을 우대하는 상품이 있다. 여성만을 위한 신용대출우대 및 마일리지 서비스, 건강진단권 등 각종 부가서비스를 제공한다. 보험상품 중에서도 여성의 특정질병을 보장받을 수 있도록 특화되어 있다.

종자돈을 키운 뒤 투자하라

눈사람을 만들 때 처음에는 작게라도 눈을 뭉쳐 놓아야 그 뒤에 그 눈덩어리가 기초가 돼 커질 수 있다. 처음 종자돈은 시간이 걸리더라도 안전 위주로 모아 놓도록 하고, 종자돈이 모아진 다음 여러 가지 투자 방법을 고민해 보자.

빚으로부터 탈출하라

빚이 있다면 적금을 넣기에 앞서 빚부터 갚는 것이 좋다. 빚을 갚는 것이 1순위이고, 적금은 2순위가 돼야 한다. 빚으로 인해 나가는 수수료나 시간이 흐를수록 불어나는 이자, 그리고 심리적 부담 등을 생각하면 종자돈을 모으는 데 있어 빚은 암적인 존재다.

몸값을 높여라

부자가 아니라면 가진 것은 몸과 시간밖에 없을 것이다. 종자돈조차 없는 20대가 돈을 불리고 모으는 것보다 더 먼저 할 일은 바로 자신의 몸값을 올리는 것이다. 자기 몸값을 올리는 것이 결국에는 내가 좋아하는 일에서 능력을 인정받고 있다는 검증이기도 하다.

*싱글족 재테크 10계명

1. 모든 금융기관들에는 나의 친척들이 근무하고 있다?
은행은 말할 것도 없고 상호저축은행, 증권회사, 투자신탁회사, 새마을금고 등 모든 금융기관에는 나의 친척들이 근무하고 있다는 상상을 하며 모든 금융기관들의 상품에 관심을 가지고 해당 금융기관들의 상품을 활용하라. 은행만을 거래하는 재테크시대는 지났다. 이제는 멀티 재테크시대다.

2. 금융기관은 옷가게라는 생각을 하고 들어가라
길을 가다가 예쁜 옷이 보이면 불쑥 들어가서 옷 구경을 하듯 금융기관도 옷 가게라는 생각으로 불쑥불쑥 들어가서 최근 판매하는 주력상품이나 팜플렛 등을 가져와라. 자꾸 알아보고 미리미리 챙겨놓은 금융정보가 나중에 큰 도움이 될 것이다.

3. 계획이 있는 곳에 실천이 있고 열매가 있다
1년, 3년, 5년 등의 단기, 중기, 장기 재테크계획을 세우자. 여유자금의 일부는 1년제 상품으로 가입해서 금리나 금융시장의 동향에 따라서 1년마다 재테크수단을 변경하고 나머지는 3년제 상품으로 가입해서 나름대로 안정적인 수익을 가져가라.

4. 비과세나 세금우대상품의 활용은 재테크의 기본 중의 기본
실질금리 마이너스시대에 살고 있는 게 우리들이다. 할 수 없지 않은가? 인정할건 인정하고 그래도 조금이라도 더 수익을 낼 수 있는 비과세상품(근로자우대저축, 장기주택마련저축, 새마을금고, 농수협 등의 단위조합, 신협의 조합예탁금 등)이나 세금우대상품을 최대한 활용하라.

5. 금리상승기에는 회전식 정기예금을 활용하자
금리에 따라 이자 소득이 조금씩 변한다. 이렇게 금리의 상승기에는 3개월 정도의 회전주기를 주어 시중금리와 연동해서 금리가 변경되는 '회전식 정기예금'으로 가입하자. 세금우대로 가입하는 건 기본이다.

6. 조합예탁금을 활용하자
1인당 2,000만원까지 비과세되며 농특세만 1.5%부담하는 새마을금고나 농수협 등의 단위조합, 신협 등의 조합예탁금을 활용하라. 저금리란 놈과 싸우기 위해서는 틈새절세상품의 활용이라는 전략이 필요하다.

7. 여유자금의 10% 정도는 주식투자를 해도 괜찮다

금융이나 경제상황에 대해서 공부를 하고 싶다고? 그렇다면 여유자금의 10% 정도는 주식에 투자해보자. 예비투자종목을 5~10개 정도 정해놓고 한두 달 동안 지켜보다가 2~3개 정도의 주식에 직접 투자해보자. 그런 다음 늘 관심을 가지고 보유종목과 주식, 경제, 금융시장에 흐름을 지켜본다. 나도 모르게 어느 사이 재테크 전문가가 되어있을 것이다. 주식간접상품 중에서, 특히 주가지수연계형정기예금(ELD), 주가지수연계형증권(ELS), 상장지수펀드(ETF) 등에도 관심을 가져야 한다. 원금은 보존되면서 주식시장의 흐름과 연계되어 7% 이상의 확정금리를 받을 수 있는 장점이 있는 ELD나 ELS와 함께 코스피 200 처럼 특정 주가지수와 연동되는 수익률을 얻는 것을 목적으로 운용되며, 거래소에서 주식처럼 거래되는 상장지수펀드(ETF)에도 관심을 갖도록 하자.

8. 적립식펀드와 해외펀드도 관심을 가져라

분할매수효과가 있어서 평균매수단가를 낮추는 적립식펀드와 함께 해외펀드 중 해당 펀드의 과거의 성과 보고서를 살펴보아 연평균 수익률이 높으면서 변동성이 적은(매년 큰 편차 없이 일정한 수익률을 올리는) 펀드에 투자하자. 이러한 펀드 가운데 펀드 전문 평가기관에서 매긴 평가등급이 높고, BM초과수익률(펀드마다 제시되는, 미국의 S&P500지수, 홍콩의 항셍지수, 일본의 닛케이지수, 독일의 닥스 등과 비교한 수익률)이 상대적으로 좋은 펀드를 고르면 된다. 물론 국내 펀드에 비해 환매기간이 길거나 환율이 떨어질 경우 손해를 볼 수 있다는 점에 유의해야 한다.

9. 역시 가장 좋은 건 친한 은행원을 만들어놓는 것

각 은행에서 판매되는 특판형 상품에 대한 정보는 역시 친한 은행원에게서 듣는 게 빠른 편이다. 친한 은행원을 만들어 놓으라는 건 역시 주거래은행을 만들라는 얘기와 일맥상통한다. 주거래은행의 활용으로 모으는 재테크도 중요하지만 아끼는 재테크도 중요하다는 것을 실천하기 바란다. 주거래고객으로 지정되면 수표발행수수료, 무통송금수수료, 환율우대, 대출금리우대 등의 다양한 아낌을 실천할 수가 있기 때문이다.

10. 이 모든 것에 우선하여 보장을 준비하자

모든 플랜에는 반드시 리스크 관리가 필요하다. 저축과 투자에도 예외는 아니다. 모든 계획이 불확정적인 사건으로 인하여 물거품이 돼버릴 수도 있다. 이것에 대비하는 보장을 준비하라. 보장계획은 전문가와 상담하는 것이 좋다. 요즘에는 전문화된 컨설턴트들이 많이 있다. 좋은 컨설턴트를 갖는 것이 재테크에도 많은 도움이 된다는 것을 명심하자. 보장계획은 자신이 수입에서 10% 정도를 투자하는 것이 적절하다.

(2) 이런 금융상품은 꼭 가입하라

싱글족이 재테크에서 고민해야 할 부분은 주거(집), 건강, 편안한 노후, 인간 관계(이웃)를 모두 구비해야 하는 방법을 찾는 것이다. 이 네 가지 중에 하나라도 빠진다면 싱글의 길을 선택한 이들은 오히려 불행해 질 수 있다.

내 집 마련은 청약 통장이 기본

청약 통장에는 청약예금, 청약부금, 청약저축이 있다. 이 중에서 청약예금은 목돈은 넣어두는 방식이며 청약저축과 청약부금은 매월 일정 금액을 적금 붓듯이 납입하는 상품. 모두 2년이 지나야 1순위 자격이 주어진다. 청약통장은 기본적으로 1인 1개다.

청약저축은 국민, 우리, 농협에서만 판매하고 무주택자만 가입할 수 있다. 월 납입 가능 금액은 2만~10만원이고, 청약 가능한 주택 평수는 18평 초과~25.7평 이하 국민 주택만 청약할 수 있다.

청약부금은 전 은행에서 가입할 수 있으며 청약저축과 동일하게 25.7평 이하 주택 청약이 가능하고 소득공제가 된다. 청약저축 역시 불입금액의 40%을 공제해준다.

청약예금은 지역별 평형에 따라 각기 다른 예치금(목돈)을 넣어두고 2년 뒤에 1순위 청약 자격이 생긴다. 모든 평형 수가 청약 가능하다.

싱글족의 경우에는 굳이 중대형 평수 주택은 필요하지 않으므로 청약저축, 청약부금으로 가입하는 것이 바람직하다. 하지만 부동산 투자를 한다면 중대형이 더 효과적일 수 있다. 어차피 큰 주택을 사서 남에게 전세주고 작은 평수에 살아도 되니까.

건강은 보험이 필수

보험을 가입하려는 사람들은 누구나 적은 금액에 많은 보장을 받고 싶어 한다. 하지만 그런 상품이 있은 거처럼 보이지만 실제로 없다. 보장도 되고 적금식으로 타는 저축성 보험은 특히 보험으로서 의미를 가지기 어렵다.

보험 가입의 목적은 미래의 갑작스럽게 발생한 사건에 대하여 보험이 그 일부를 부담해주는 역할이다. 따라서 보험 상품 선택할 때 여러 가지를 바라는 것은 막상 사건이 발생한 경우 보험의 역할이 만족스럽지 못할 가능성이 높다. 따라서 본인이 우려하는 사고 혹은 질병에 대한 순수 보장을 위한 보험 가입이 중요하다.

일반적으로 상해보험, 질병보험, 암보험, 민간의료보험 정도로 가입하는 게 좋다. 월 보험료를 급여의 20%를 넘지 않도록 설계한다. 물론 한꺼번에 모두 가입하는 것이 아니라 상해보험은 20대, 암보험은 30대, 질병보험과 민간의료보험은 40대에 가입해 두면 좋다.

개인연금은 Yes, 종신보험은 No

노후 생활비는 국민 연금과 목돈, 개인 연금으로 설계해야 한다. 종신보험은 꼭 한 번은 보험금을 타지만 보험금 수령 시기가 본인이 사망한 후에나 탈 가능성이 높기 때문에 독신자에게는 꼭 필요한 상품은 아니다.

연금보험 상품에는 소득공제의 세제 혜택이 주어지는 세제 적격 연금저축보험과 세제혜택이 없는 세제 비적격 연금보험이 있다. 연금저축은 매년 납입하는 보험료에 대해 최고 240만원 범위 내에서 소득공제를 받을 수 있지만 연금 수령시 5.5%(소득세 5% + 주민세 0.5%)를 과세하게 된다.

최소 10년 이상을 유지하여야 하고 만 55세 이후부터 5년 이상의 기간을 걸쳐 연금을 수령할 수 있으며 수령 주기는 매월, 3개월, 6개월, 9개월, 12개월 단위로 받을 수 있다. 그러나 연금수령 기간이 5년 미만이거나 연금으로 수령하지 않고, 만기 때 일시금으로 찾게 되면 이자에 대하여 22%의 강력한 세금을 부과한다.

다만 가입자의 사망, 직장 폐업, 3개월 이상 치료를 요하는 질병이나 상해를 당한 경우 등 특별한 사유로 중도 해지할 경우에는 예외적으로 세금이 부과되지 않는다.

세제 비적격 연금보험은 보험료 납입에 따른 세제혜택은 없지만 10년 이상 경과하게 되면 해약하거나 연금을 수령하게 될 경우 이자소득세가 비과세된다. 노후 연금 수령을 목적으로 가입할 때에는 연금저축에 가입하는 것이 유리하고 자금 활용 수단으로 이용하기 위해서는 세제 비적격 연금보험에 가입하는 것이 유리하다. 그 밖에 일시금을 넣어두고 매달 일정 금액을 받을 수 있는 즉시 연금과 확정 금리가 아닌 실적 배당형 상품인 변액 연금이 있다.

　연금저축의 경우에도 매년 납입하는 보험료를 기준으로 소득공제 혜택이 주어지기 때문에 납입기간을 길게 하는 것이 소득공제 혜택을 오래 많이 받을 수 있다. 그리고 연금액 산출의 기준이 되는 노후 생존율이 점점 높아지는 추세이므로 가입 시기를 앞당길수록 좋다. 노후 생존율이 높으면 동일한 금액일 경우 그만큼 연금액이 줄어들기 때문이다.

구 분	특 징	소득 공제	세제 혜택		납입방법
			중도 해지	연금 수령시	
연금저축	소득 공제 최소 10년 유지 만 55세 이상부터 5년 이상 연금 수령	240만원내	기타 소득세 22% 부과	연금 소득세 부과	월 납
일반연금	10년 이상 유지 시 세금 없음	없음	10년 미만 : 15.4% 10년 이상 : 비과세		월 납 일시 납
즉시연금	가입 1개월 후 연금 수령 가능		10년 미만 : 15.4% 10년 이상 : 비과세	비과세	일시 납
변액연금	실질 배당형 상품		10년 미만 : 15.4% 10년 이상 : 비과세		월 납 일시 납

비과세 → 저율과세 → 세금우대 → 일반과세 상품 순으로

　예·적금 가입 시에는 비과세 상품이 최우선이고 농·수협 단위조합, 신협, 새마을 금고에서만 취급하는 1인 기준 2,000만원 한도의 저

율과세(이자소득세 1.4%), 세금우대(9.5%) 상품 4,000만원 가입이 우선이다. 따라서 본인만으로 6,000만원 상당의 세금 우대(저율과세 포함) 혜택을 받을 수 있다.

　봉급생활자는 소득 공제만으로도 이자 수입 이상을 아낄 수 있다. 간단히 설명하면 우리나라 소득세 구조를 보면 과세 표준을 보면 1,000만원 이하는 9% 세금을 내고, 1,000만~4,000만원은 18%의 세금을 낸다. 따라서 1,100만원은 198만원의 세금이 부과되고 1,000만원은 90만원의 세금이 부과됩니다. 따라서 1,100만원 소득자가 100만원만 소득공제를 받으면 세금만 108만원이 줄어든다.

　1,200만원의 경우와 1,100만원 경우만 보아도 216만원과 198만원으로 18만원의 차이가 난다. 이를 이자로 계산하면 1,000만원 예금의 1.8%의 이자와 같다. 현재 예금 이자에 소득세 절약 분을 합치면 실질적으로 얻는 이자 수익이라고 볼 수 있다. 이만큼 소득 공제는 봉급생활자에게 중요하다.

저율과세 상품과 세금우대저축

1. 저율과세 상품이란?

저율과세인 조합 예탁금은 농어민 및 저소득근로자는 완전비과세를 2009년까지 유지하되 금액을 1,000만원까지만 비과세하며, 1,000만~2,000만원은 5%의 세율을 부과한다. 또 2010년 이후에는 일괄적으로 9%의 세율을 적용한다. 물론 일반 조합원의 경우에도 2009년까지 1,000만원에 대해서는 1.4%의 이자소득세를 적용한다.

2. 세금우대저축이란?

세금우대저축의 경우 2007년 1월 이후에 신규로 가입하거나 만기를 연장하게 되면 1인당 세금우대(9.5%분리과세) 한도가 현행 4,000만원에서 2,000만원으로 줄어든다. 또 2008년 12월까지만 세금우대를 유지한다는 일몰제도도 도입돼, 2009년 1월 이후 가입분에 대해서는 세금우대가 폐지된다.

(3) 선택 가능한 금융상품

재테크 플랜을 잘 짜면 목돈 마련을 위한 종자돈을 만들 수 있다. 또 내 집 마련을 위한 상품과 보험에도 관심을 기울여야 한다.

젊어서는 펀드에도 자산 배분

펀드가 무조건 원금 손실의 위험이 있다고 알고 있으면 잘못된 생각이다. 기본적으로 원금 보전이 되지 않는 상품은 맞지만 모든 펀드 상품이 원금 보전이 되지 않는 건 아니다. 펀드는 상품 구성을 어떻게 하는가에 따라 다양한 상품을 구성할 수 있기 때문이다.

40대 전까지는 펀드 투자를 통해 재미를 보는 것도 재테크의 방법이다. 펀드에는 매우 안정적인 채권형 펀드가 있으며 주식형이면서 우량주를 투자하는 배당형 펀드도 있다.

펀드를 운용하는 인력을 펀드매니저라고 부르는데 이들 역시 공짜로 월급을 가져가는 건 아니다. 나름대로 이익을 추구하기 위해 열심히 노력하기 때문에 일반적으로 나온 펀드는 위험하다는 고정관념은 버려야 한다.

펀드는 목돈을 맡기는 방법과 적금 같이 매월 돈을 불입하는 방식이 있는데 목돈은 안정적인 펀드 위주로 펀드를 고르고, 적금은 기간을 3년 이상 설정하여 안정과 공격의 중간적인 펀드가 좋다.

추가 보험 가입은 간병보험, 변액보험

보험도 은행의 예·적금처럼 안정적인 정액보험과 신탁, 펀드와 같은 원금 보전이 되지 않는 대신 고수익률을 기대할 수 있는 변액보험이 있다. 싱글족에게는 변액보험 중에서 변액연금보험, 변액유니버셜보험에 관심을 둘 필요가 있다.

변액연금보험 역시 일반 연금보험과는 달리 연금 수령 시에 보험금이 실적 배당이다. 하지만 연금은 노후를 위한 것으로 안정성이 제일 중요한데 과연 변액으로 안정성을 얼마나 보장할 수 있을까? 이에 국내 변액연금은 연금 개시 전에 사망할 경우 투자실적이 아무리 나쁘더라도 사망보험금으로 기납입 보험료를 최저 보증하는 최저사망보험금 보증제도를 만들었으며, 연금 수령 시점에 투자 실적이 아무리 악화되더라도 기납입 보험료 수준에서 연금을 보증해주는 최저연금 적립보증금제도를 두고 있다.

변액유니버설보험이란 변액보험의 장점인 실적배당과 유니버셜보험의 장점인 단순한 상품구조와 자유입출금을 결합하여 만든 종합금융형 보험이다. 변액보험은 실적배당을 하지만 보험료 납입 방식이 정액정기납이고 상품 구조가 복잡하다는 문제점을 가지고 있으며, 유니버셜보험은 자유입출금이 가능하고 상품구조가 단순하기는 하지만 공시이율을 적용하므로 저금리, 고주가 시대에는 고수익 제공이 어렵다는 단점을 가지고 있다.

간병보험은 나중에 홀로 되어 누군가의 도움이 필요한 경우를 대비한 보험으로 40세 이후에 고려해 볼만한 보험 상품이다.

주택 대출은 모기지론 정도만

집 마련을 혼자서 하기란 쉬운 일이 아니다. 그렇다고 목돈을 만든 후에 집을 구입하려면 너무 오랜 기간 집 없이 살아야 할 수 있다. 따라서 집 마련을 위해 모기지론을 이용하는 것도 좋다.

모기지론이란 집을 사고 싶은 만 20세 이상 65세 이하의 무주택자 혹은 1주택자에게 집값의 최고 70%까지 돈을 꿔주는 제도다. 대출기간은 10년 / 15년 / 20년 만기 중에 선택할 수 있으며 중도 상환도 가능하다. 금리는 고정금리와 변동 금리가 있는데 변동금리가 고정금리보다 조금 낮다. 고정 금리는 대출 받을 당시 결정되어 만기까지 가는 것이고, 변동금리는 금리 변동에 연동하여 움직인다. 물가 상승을 생각한다면 고정 금리를 선택하는 것이 바람직하다.

　봉급생활자의 경우에는 소득공제 요건 충족 시에는 연간 1,000만원의 소득 공제도 가능하다. 상환방법은 매월 원리금 균등 분할 상환과 매월 원금 균등 분할 상환 방법이 있으며 1년은 이자만 낼 수 있다. 또한 원금의 30%는 만기일시상환이 허용되고 있으므로 상환부담 완화된다. 대상 주택은 6억원 이하 주택이어야 한다.

구 분		은행 대출	모기지론
대출 기간		단기, 주로 3년 이하로 재계약	10년, 15년, 20년(거치기간 1년 포함)
금리		변동 금리	고정 금리
최대 대출 비율		집 값의 40% 수준	집 값의 70% 수준
상환 방법		만기 일시 상환	매월 균등 분할 상환
상환 부담		만기에 상환 부담 집중	장기간 분할 상환
금리 변동시	상승 시	이자 부담 가중	추가 이자 부담 없음
	하락 시	대환 가능	대환 가능(조기 상환 수수료 부담)
소득 공제		없음	만기 15년 이상 시에 가능

3. 30~40대 재테크

　안정된 직장과 가정이 있지만 그만큼 소요되는 자금도 만만치 않은 시기다. 무엇보다 내 집 마련이 가장 시급하며 자녀 학자금도 준비해야 할 때다. 때문에 오랫동안 돈을 묶어 두는 것은 바람직하지 않고 부지런히 재테크해야 할 시기입니다.

부동산, 주식, 금융 모든 방면에서 믿을만한 정보를 얻는 노하우를 습득해야 하고 빠른 결정이 필요하다. 내 집 마련은 재테크라기보다 지속적이고 안정된 가족공간을 만든다는 취지에서 욕심내지 않는 것이 좋고, 대출이 필요하다면 여러 금융기관 대출상품을 꼼꼼히 비교해야 한다.

또 전문가의 도움을 받아 금융자산 가운데서도 가입기간별로, 투자 리스크별로 포트폴리오(분산투자)가 필요하다. 계속되는 자금소요가 있기 때문에 만일 집중투자로 큰 손해를 입게 되면 만회하기가 힘들기 때문이다.

특히 40대는 재테크의 방법에 따라 주변사람들과 서서히 차이가 보이기 시작한다. 때문에 본격적으로 재테크가 위력을 발휘할 때다. 불리는 것보다 지키는 것이 중요하며 투자기간이 길더라도 후순위채권, 부동산신탁 등 틈새상품에 눈을 돌려볼 필요가 있다. 자신에 대한 투자도 중요하다. 보장성 보험 상품을 통해 40대를 대비할 수도 있고 또한 개인연금 불입액을 늘려가면서 본격적인 노후 준비를 시작할 때다.

(1) 내 집도 마련하고 소득공제도 받고

30~40대에 가장 많은 돈이 들어가는 곳은 주택마련이다. 금융 상품을 잘 이용하면 비교적 쉽게 꿈을 이룰 수 있다.

장기주택자금대출 vs 모기지론

목돈을 마련하고자 하는 이유는 유학자금, 결혼자금, 자녀교육, 노후대비 등 다양하지만 이 시기에 가장 큰 꿈은 내 집 마련이다. 그런데 누구나 살기 좋고 투자가치 있는 곳에 집을 장만하려 하지만 현실적으로 매우 많은 자금이 필요할 뿐만 아니라 목돈을 어느 정도 마련한 후 매수하려 하면 집값은 이미 한 단계 상승하곤 해서 적정매입시점 혹은 급매물이 나오더라도 종자돈 부족으로 아쉽게 바라보는 경우가 많다.

기업금융 위주로 대출을 운용하던 금융기관들이 2~3년 전부터 풍부한 자금사정과 저금리기조를 바탕으로 소비자금융, 특히 아파트담보대출에 일제히 나서면서 내 집 마련이 다소 쉬워지기도 했으나 선진국의 모기지론처럼 주요 내 집 마련 수단이 아닌 담보대출상품의 하나로서 소비자에게 다가선 것이다.

2004년 3월부터 선진국에서 내 집 마련 수단으로 일반화되어 있는 모기지론제도가 한국주택금융공사 출범과 함께 도입되면서 주택구입자금의 30%만 가지고 아파트를 구입한 후 장기에 걸쳐 분할가능하게 되어 내 집 마련이 한층 수월해지게 되었다.

이에 은행권을 비롯 보험사들도 주택금융공사 모기지론과 유사한 상품을 연이어 출시하고 있는데 장기주택자금대출 혹은 모기지론을 면밀히 비교 분석하여 적절하게 활용하면 주거의 안정성을 꾀함은 물론 자산을 증식시키는데 결정적인 도움이 될 것으로 보인다.

두 상품 공히 전용면적 25.7평 이하의 1주택자가 만기 15년 이상으로 상품을 이용할 경우 납입이자액 중 연 1,000만원까지 소득공제 혜택도 부여하고 있는 점도 빠뜨릴 수 없는 혜택이다.

대출한도는 어떤 게 유리한가?

고가주택 및 아파트 가격이 높아 담보여력이 큰 지역에서는 은행대출이 주택금융공사 모기지론 보다 대출한도가 더 유리하다. 주택투기지역 내 10년 이내 은행대출일 경우 LTV(주택가격대비 대출비율)가 40%로 운용되기 때문에 3억원대 아파트일 경우에는 모기지론이 대출한도가 높다.

모기지론 대출한도 산정시 아파트방수에 따른 소액임차보증금 우선변제액을 모기지론에서는 공제하지 않는다는 점과 기준 아파트 가격을 한국감정원 또는 국민은행 아파트시세의 평균가격(최고층과 최저층은 하한가 적용)을 적용하는 점도 시중은행에 비해 한도산정에 유리하다.

이자만 내고 소득입증이 안될 경우

모기지론은 거치기간이 1년인 반면 은행 장기담보대출은 회사에 따라 3~5년까지 부여하므로 은행이 보다 융통성이 있는 편이다.

또 금리변동에 따른 위험부담은 장기하락이 예상되거나 저금리 하에서 큰 변동이 없을 것이라 보여질 때는 은행 변동금리 상품이 유리하다. 반대로 장기적인 변동을 예측하기 힘들거나 상승이 예상되면 저금리인 시점에 고정금리로 대출받는 게 낫다.

그리고 소득입증이 곤란한 사람이 모기지론을 이용하고자 할 경우 국민연금액 또는 소득이 있는 부부의 연대보증으로도 이용이 가능하다. 전혀 입증이 안 될 경우 불가피 은행대출을 이용해야 하는데 자체 심사기준에 따라 가산금리를 부과하기도 한다.

(2) 노후 대비용 금융상품

노후생활에 필요한 자금은 크게 세 단계로 마련하는 게 바람직하다. 가장 기본적인 생활은 국민연금을 통해, 표준적인 생활은 기업퇴직금이나 기업연금을 통해, 그리고 여유 있는 생활보장은 자기 스스로 준비해야 한다. 국민연금만 믿고 있다가는 매우 궁핍하게 생활할 수밖에 없으며, 기업연금은 아직 우리에게 도입조차 제대로 되어 있지 않다. 결국 안정되고 여유 있는 말년을 보내기 위해서는 평소 자기 스스로 재테크의 주요 목적 중 하나로 노후준비를 꾸준히 하는 한편 퇴직 시 받는 일시 퇴직금을 잘 운용하여야 한다. 즉 적절한 금융상품을 제때에 효과적으로 활용해야 표준 이상의 노후생활을 기할 수 있는 것이다.

모든 사람, 모든 상황에 유용한 금융상품은 거의 없다. 독신주의자에게 교육보험은 그리 중요하지 않다. 비운전자는 군이 운전자 보험에 가입할 필요가 없다. 소득공제가 가능한 상품이 항상 추천 1순위로 거론되지만 소득공제 혜택을 받을 수 없는 가입자는 그림의 떡에 불과하다.

'노후' '실버' '연금' 이라는 글자가 들어가는 상품이 노후대비 금융상품이다. 하지만 연령이나 상황에 따라 적합하지 않을 수가 있으며, 하나의 상품을 이름만 달리하는 경우가 있다. 역으로 노후라는 말은 상품명 그 어디에도 없지만 상품 내용을 면밀하게 보면 노후를 준비하는 사람에게 제 격인 상품도 많다.

30대는 정기보험과 연금보험 또는 변액유니버셜

종신보험 및 투자형 금융상품 위주로 종신보험에 가입했다 하더라도 60세까지 부양가족에 대한 보장성을 높이기 위해 정기보험에 추가로 가입하도록 한다. 동시에 비과세 비적격 연금보험을 가입하면 60세까지의 보장성과 그 이후 종신 연금을 받을 수 있다. 변액유니버셜 종신보험도 같은 차원에서 고려 대상이다. 그리고 재산을 점차 늘리기 위해 적립식 펀드 비중을 높여야 할 시기다. 투자 상품에 대한 지식과 함께 투자 감각을 높이기 위해서도 필요하다. 적립식 펀드는 주식형을 먼저 시작하는 게 좋다. 해외 적립식 펀드, 우량주 펀드, 배당주 펀드가 적합하다. 상장지수 펀드를 분할하여 꾸준히 매입하는 것도 매우 효과적인 투자수단이다. 어느 정도 목돈이 쌓이면 주가지수, 환율, 금 연동 정기예금이나 연동증권에도 투자가 필요하다. 남들과 똑 같은 금리만 받아서는 진정한 재테크가 아니다.

40대는 건강 관련 상품에 관심

돈이 많이 드는 중대질병에 대한 대비와 간병보험 등이 필요한 시기다. 요즘 후순위 카드채 같은 고수익채권에 도전할 만하다. 이머징마켓 펀드, 선진국 펀드 등 해외투자에도 관심을 가져야 한다. 30대의 투자패턴을 수용하되 틈새 투자에 적극적으로 나설 필요가 있다.

1. 연금상품(소득공제 가능)

보험사, 은행, 투신, 우체국에서 판매. 만 18세 이상이면 누구나 가입이 가능하며 연간 적립액의 100% 범위 이내에서 최고 240만원까지 소득공제 혜택이 있다. 은행 연금저축은 신탁상품이면서도 예금자보호가 된다. 10년 이상 납입하고 55세 이후부터 연금수령이 가능하다.

2. 비과세생계형 저축

만 60세 이상이어야 가입 가능하며 1인당 전 금융기관 합하여 3,000만원까지 이자 및 배당소득세가 면제된다. 은행, 저축은행, 투신사 상품 등이 있다.

3. 비적격 개인연금보험과 변액연금보험

연금과 함께 재해나 사망시 보험금을 받을 수 있다. 10년 이상 가입시 발생한 수익에 대해 전액 비과세하며, 금융소득종합과세에도 포함되지 않는다. 사망시까지 연금을 계속 지급 받을 수 있는 종신형, 일정기간만 연금을 지급하는 확정기간형, 생존시에는 연금을 수령하다가 사망시 유가족에게 목돈을 물려주는 상속형, 부부가 함께 연금을 받는 부부형, 정액형, 체증형 등 연금수령방법이 다양한 것도 특징이다.

4. 건강보험, 장기 간병보험, CI보험

건강보험은 국민건강보험의 부족한 부분을 보상해준다. 생보사 장기 간병보험은 치매 등으로 보험계약자가 장기간병을 받게 되면 월 100만원씩 10년간 장기로 간병자금을 지급한다. 손보사의 장기간병보험은 상해 또는 질병으로 활동불능 상태가 됐을 때 간병에 필요한 비용을 보상해 준다. CI보험은 몇 가지 중대 질병에 한하여 고액의 치료비와 수술비 및 사망보장금을 지급한다. 기타 자녀가 부모를 위해 가입해 주는 효도보험으로 노인의 건강과 재해를 보장받을 수 있다.

5. 종신보험, 정기보험, 변액유니버셜종신보험

사망원인에 관계없이 종신보험은 평생, 정기보험은 60~65세까지 유가족에게 사망보장금을 지급한다. 특약을 통해 재해나 질병에 대해 보완 가능하다. 투자형 개념이 들어간 변액보험과 입출금이 비교적 자유로운 유니버셜 보험으로 진화된 상품도 있다. 나중에 연금으로 전환도 가능하다. 그 외 사망보장금보다 사망시 필요한 장례비 목적의 생보사 취급 실버종신보험이 있다.

6. 연금식 역모기지론
보유 주택을 담보로 매달 일정액의 생활비를 연금식으로 빌려 쓰고 사망 이후 처분하여 대출금을 상환하는 금융상품으로 주택 이외에 마땅한 재산이 없는 노인에게 적당하다.

7. 채권투자
국공채, 산업금융채권, 은행후순위채권, 은행하이브리드채권 등을 말한다. 발행자의 신용도가 높아 원금회수에 문제가 없으며 확정금리를 오랜 기간 동안 안정적으로 받을 수 있는 채권에 대한 직접투자도 노후에 투자할 만한 대상이다.

8. 노후대비 펀드상품
노인이 되기 전에는 재산형성 목적을 위해 적립식, 주식형 펀드로 가입하고, 노년기에는 일시에 납입하고 안정적이고 정기적인 배당을 받을 수 있는 배당주혼합채권펀드, 부동산펀드, 사회간접자본 펀드, 선박펀드 등이 대상이다.

(3) 개인이 주식시장에서 살아남기

변동성이 많이 줄어들었다고는 하지만 아직도 상대적으로 변동성도 크고 개인들이 정확하게 예측하여 대응하기 힘든 변수들이 많이 존재하는 것이 주식시장이다. 직접투자시장에서 외국인과 기관들의 틈바구니에서 살아남기 위해 애를 써 보지만 역부족이었다는 것은 수도 없이 입증되어 온 사실이다. 하지만 아직도 성공사례에 매료되어 직접투자의 묘미를 잊지 못하는 투자자들이 많이 존재한다는 것 역시 사실이다. 주식시장에서 개미(개인투자가)들이 살아남기 위한 방법은 무엇일까?

직접투자를 할 경우

개인이 직접투자로 시장수익 이상의 수익을 내는 것은 생각처럼 쉽지 않다. 확실한 투자이론이나 종목분석 능력, 투자원칙이 있다 하더라도 자금력이라는 파워게임에서 외국인과 기관에 밀리고 시장 예측능력 또한 뒤질 수밖에 없다.

첫째, 대형 우량주, 배당유망주 등에 장기 분산투자 하라

변동성이 클수록 효과가 큰 투자방식이 분산투자 방식이다. 종목선정에 자신이 없거나 시장의 바닥을 확신할 수 없다면 투자시기를 분산시키는 Cost Averaging 기법을 이용하면 된다. 시장상황과 관계없이 저평가된 종목에 분산투자하면 언젠가는 수익이 가능하다. 그럼에도 불구하고 내재가치 우량주를 선정하는 과정조차도 너무 어려운 것이

178

사실이다. 이런 경우에는 ETF에 투자하여 시장에 투자하는 효과를 내면 좋을 것이다.

둘째, 매수할 때 매도를 생각하라

조금만 주의를 기울인다면 성공의 확률을 증가시킬 수 있다. 매수할 때에 미리 매도 목표가를 설정하여 시장을 자신이 주도해 보자. 매도 목표가는 수익을 얻을 경우에만 필요한 것이 아니다. 손절매 목표가 역시 같이 설정해 놓고 해당 가격에 도달하면 과감하게 매도 할 수 있는 습관을 기르도록 하자.

셋째, 종목선정을 즉흥적으로 하지 마라

좋은 종목, 올라갈 가능성이 있는 종목은 항상 존재한다. 지금 이 순간, 이 가격에 이 종목을 반드시 사야 한다는 강박관념에서 벗어나면 성공투자에 한발 더 다가설 수 있다.

펀드에 투자하는 경우

직접투자에 자신 없는 사람은 전문가들이 종목분석과 투자를 대신해주는 펀드에 투자하는 방법이 있다. 객관적으로 볼 때 직접투자 보다는 간접투자가 유리하다는 사실은 인정하는 것이 좋다. 쉴새없이 개발되는 새로운 투자기법을 개인들이 전부 마스터하면서 전문가의 영역을 따라간다는 것은 사실상 불가능하다. 따라갈 수 없다면 그들에게 맡기는 것이 현명한 방법이다.

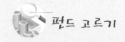 펀드 고르기

1. 창구직원과의 상담 후 최종 선택하라
여기저기서 들은 귀동냥만으로 펀드를 선택하지 마라. 가입시기와 자신의 투자성향에 맞추어 펀드에 가입하는 것이 성공투자를 위한 기본이다. 반드시 최종적인 펀드의 선택은 창구에서 담당직원과의 정확한 상담과 진단을 거친 후에 하도록 한다.

2. 꾸준한 것이 좋다
직접투자를 피하고 간접투자를 선택하는 이유는 직접투자의 변동성을 피하기 위한 것이다. 그렇다면 당연히 일정기간 동안의 수익률과 변동폭을 살펴본 후 안정적인 수익률을 지속적으로 내고 있는 펀드를 고르는 것이 투자의 목적에 부합하는 것이다.

3. 초보자라면 대형운용사의 검증된 펀드에 가입하라
펀드투자 초보자라면 대형 운용사가 운용하는 대형 펀드에 가입하는 것이 안전하다. 처음부터 너무 복잡하거나 펀드 중에서도 위험도가 높은 펀드를 선택하기 보다는 일반적으로 인기가 있는 펀드에 먼저 가입하고 여유가 생길 때마다 다른 유형의 펀드에 추가로 가입하는 방법을 택하면 위험도 줄이면서 분산투자도 할 수 있게 된다.

4. 노후를 위한 재테크

노후라는 말만 들어도 왠지 두렵다. 늙게 되면 변변한 수입도 없을 것 아닌가. 또한 인간의 평균수명은 늘어만 간다던데, 자식들에게 내 노후를 책임 지우기에는 무리가 있을 듯싶다. 과연 나는 어떻게 준비를 해야 할까?

예전에는 자식 농사만 잘 지으면 자신의 노후는 걱정하지 않아도 되었다. 그러나 현대는 다르다. 오죽하면 현대를 살아가는 사람들은 부모를 공양하는 마지막 세대이며, 자식에게 버림받는 최초의 세대라는 말이 나왔겠는가. 또한 능력이 없으면 부모 대접도 제대로 받지 못한다는 말이 나왔겠는가?

노후(또는 은퇴 후)생활에 대한 대비의 중요성이 급속하게 사회전반으로 확산되고 있다. 국민연금에 대한 불신이 커지면서 사적인 노후대비의 필요성이 고령사회화에 대한 우려감과 맞물리면서 큰 반향을 불러일으키고 있는 것이다. 하지만 아직도 노후대비를 빨리 시작해야 하는 이유에 대해 의문을 가지고 있는 사람들이 있다.

(1) 왜 노후대비를 해야 하나?

우리나라가 고령화 사회로 접어든지 이미 오래다. 또 기업들의 구조조정이 상시로 운영되면서 일자리에 대한 부담감이 갈수록 늘어가고 있는 실정이다.

살아가야 할 날이 많아지고 있다

우리나라 사람들의 평균 수명이 갈수록 늘어나고 있다. 미국의 한 연구조사 결과에 따르면 2030년 선진국의 평균수명이 100세까지 도달한다고 하니 이 얼마나 반가운 소식인가? 늘어난 수명만큼 은퇴 후 먹고 살아가야 하는 기간이 늘어나는 것이라는 것을 생각한다면 노후 준비를 예전처럼 해서는 안 된다는 것도 알게 될 것이다.

남겨지는 유족에 대한 부담이 더욱 커지게 된다

단순 수치만 보더라도 평균적으로 남자(남편)가 사망한 이후에도 여자(배우자)는 약 7년을 더 살아가야 한다. 최근 연상연하 커플이 유행이라고 해도 아직까지는 남자의 나이가 일반적으로 2~3년 더 많다고 보면 평균적으로 약 10년 동안 아내 혼자서 살아갈 수 있도록 충분한 자금을 남겨주어야 한다는 계산이 나온다.

직장생활을 할 수 있는 기간은 점점 짧아지고 있다

직장생활은 어떤가? 외환위기(IMF)를 겪으면서 시작된 고용불안은 이제 청년실업과 상시 구조조정, 계약직 근로, 그리고 조기은퇴라는 근로자로서는 달갑지 않은 환경을 만들어 내고 있다. 노년에 소일거리로 일을 하는 것과 생활비를 벌기 위해 일을 하는 것은 천지차이다. 정년퇴직 나이가 50대 중반인 한국사회에서 30대에 시작하는 노후대비를 이르다고 말 할 수 없다.

쓸 돈은 오히려 늘어나고 있다

근로자의 삶의 질 향상을 위해 도입된 주 5일 근무제. 생활의 여유를 즐길 수 있어 좋지만 여가를 즐긴다는 것은 소득증가 없이 지출만 늘게 되는 결과를 초래하게 되어 가계재정에는 부담이 되는 것도 사실이다. 한 가구 1자녀가 보편화 되면서 오히려 자녀를 위한 교육비 지출규모는 커지고 있는 것도 노후대비를 저해하는 큰 요인이 되고 있다.

(2) 노후대비 재테크의 기본 3원칙

그렇다면 노후대비를 위한 기본적인 재테크 3원칙은 무엇일까? 노후대비의 중요성은 한마디로 "말년을 마지못해 살 것인가, 아니면 즐기며 살 것인가?"의 문제라 할 수 있다. 확실한 문제의식을 가지고 이를 해결하려는 전략을 세우는 것이 재테크다.

노후대비는 모두에게 필요한 재테크

내 집 마련, 자녀교육 등 개인의 일생동안 발생하는, 대부분의 생활과 관련된 이벤트는 모든 사람에게 적용되지는 않는다. 노후대비는 모든 사람에게 적용되는 유일한 항목이다. 예외는 없다는 것을 인지하는 것이 노후대비의 시작이다.

젊을 때 시작하는 것이 성공의 지름길

아직 노후대비를 할 만큼 나이를 먹지 않았다고 생각하고 있다면 미리 대비해서 은퇴연령을 앞당기는 것으로 생각을 전환해 보자. 은퇴대비에는 나이가 고려대상이 아니다. 오히려 한 살이라도 젊을 때 시작하는 것이 성공적인 노후대비의 지름길이다.

당장 시작하는 것이 왕도

노후대비를 위해 투자할 수 있는 돈이 얼마 안되니까 나중에 한꺼번에 하자는 식으로 차일피일 미루고 있다면 언제 노후대비 계획이 시작될지 모른다. 노후대비는 빠를수록, 금액은 많을수록 좋다. 당장이라

도, 단돈 1만원으로라도 노후대비를 위한 계좌를 별도로 관리하도록
하자.

(3) 연금상품 알아보기

현재 각 금융기관에서 취급하고 있는 연금상품의 형태에는 신탁과
수익증권, 그리고 보험이 있다. 신탁이나 수익증권은 동일한 금액을
납입했을 경우의 수익률 측면에서 유리하고, 보험은 보장뿐 아니라 정
해진 기간이 아닌 종신(살아있는 동안)에 걸쳐 연금액이 지급되는 게 장점
이다.

구 분	취급기관	상품의 특징
개인연금보험	생보사, 손보사, 농수축협단위조합, 우체국	납입한 보험료의 100%(240만원 한도)에 대하여 개인연금세제혜택이 부여되지만, 납입기간이 최소 10년 이상이어야 하고 중도해약시 이자소득세가 부과되며 납입하는 방법도 월납과 3월납으로 제한되어 있다.
일반연금보험	생보사, 손보사	납입기간과 납입방법이 자유롭고 5년이상 경과시 비과세 혜택이 주어지지만 개인연금세제혜택은 부여되지 않는다.
개인연금신탁	은행, 농수축협중앙회, 투신사	납입한 보험료의 100%(240만원 한도)에 대하여 개인연금세제혜택이 부여되지만, 저축기간이 최소 10년 이상이어야 하고 중도해약시 이자소득세가 부과된다.
노후생활연금 수익증권	투신사	저축기간이 짧고 연금지급방법이 다양하지만, 세금우대혜택을 받을 수 있는 최고금액이 4,000만원으로 제한되어 있다.

(4) 질병에 대비하기 위해

보험에서 담보하는 질병에 대한 위험은 크게 사망, 발병, 입원, 수술, 통원, 요양, 개호(장기간병) 등으로 분류한다. 이는 인간의 생로병사와 맥을 같다. 즉, 사람이 태어나면 늙고 병들고 다치고 사망하는 과정에서 발생하는 위험을 현대감각으로 나열한 것과 같다. 이들 위험들은 경제생활의 존속을 어렵게 하거나 최소한의 경제생활을 존속케 하기위한 추가비용을 발생시키는 공통점이 있다.

대부분의 보험상품(특히 생명보험상품)이 사망을 기본적으로 담보하고 있으나 최근에는 사망 중에서도 암사망, 뇌졸중사망 등 특정한 사망만을 담보하거나 사망에 대한 담보를 아예 없애고 치료비만을 중점 보장하는 제3 분야보험(질병보험, 개호보험)이 그 주류를 이루고 있다. 이런 보험들은 모두 질병을 보장하는 보험이라는 면에서는 일맥상통하지만, 사망에 대한 보장을 축소시키거나 없앤 만큼 보험료는 대개 저렴하다.

또한 요즈음에는 개호(흔히 말하는 치매)에 대한 관심이 늘어나면서 이에 대한 상품도 개발되고 있으며, 개호라는 병의 특성상 실버타운 등과 연계되는 서비스도 한창 개발 중이다.

(5) 보험 해약을 피할 수 있는 방법

보험은 한번 잘못 가입하면 몇 년을 두고 후회 할 수도 있고 해지를 하더라도 금전적인 손실이 불가피한 상품이다. 반대의 경우를 생각해 보자. 제대로 설계된 보험 상품 임에도 경제적인 사정으로 중도해지를 하게 되면 금전적인 손실이 중요한 것이 아니라 그로 인해 위험에 그대로 노출되게 된다는 어려움이 존재한다.

경제적인 어려움을 해결하면서 보험도 해지하지 않고 유지할 수 있는 방법은 없는 것일까? 지금 보유하고 있는 보험을 설계해준 보험FP 또는 해당 보험사는 이처럼 보험과 관련된 어려운 문제들을 해결해 주기 위해 더 없이 좋은 해결사들이다. 가입하고 해지하고 다시 가입하는 악순환을 경험하지 않기 위한 방법들을 정리해 본다.

감액완납제도

보험료를 지속적으로 납입하기 어려운 보험계약에 대해 지금까지 납입한 보험료에 해당하는 보장규모로 계약을 변경하여 보험계약을 완납처리 하는 제도를 말한다. 장기적으로 납입을 지속하기가 힘들 경우 이 제도를 활용하면 보장규모는 작아지지만 보험기간 동안 보장을 받을 수 있다는 장점이 있다. 하지만 3년 이상 유지된 보험계약에 대해서만 가능하다는 점은 알아야 한다.

연장정기

보험금의 크기는 지키면서 현재까지 납입한 보험료 수준의 보험기간을 산출하여 종신보험을 정기보험으로 전환하는 것이다. 감액완납과 마찬가지로 이후 추가적인 보험료의 납입이 없도록 해 주는 제도이다.

약관대출

납입기간의 절반 이상이 지난 보험계약이라면 해약시 돌려받는 해약환급금의 규모가 작지 않게 쌓여 있을 것이다. 그렇다면 급하게 당장 돈이 필요하다고 해약을 하는 것 보다는 해약환급금의 범위 내에서 약관대출을 받아 사용하는 것이 위험대비도 하면서 경제적 어려움도 해결하는 현명한 방법이 된다.

자동납입 대출

환급보험료가 전부 필요한 것이 아니고 단지 보험료를 연체 없이 납입하고자 할 경우에는 약관대출을 이용하여 매월 자동으로 보험료를 내는 방법을 활용하면 된다. 약관대출 금액 내에서 보험료의 자동납입이 이루어지므로 기존의 보험을 해지하지 않고도 매월 보험료를 내야 하는 부담을 덜 수 있는 간편한 방법이다. 자동대출 납입기간은 최초 납입일로부터 1년이 한도이며 추가로 자동대출이 필요할 경우에는 다시 신청하는 절차를 거쳐야 한다.

리모델링

현재의 보험료 납입 규모가 정규 소득의 규모에 비해 너무 높을 경우 또는 필요하지도 않은 보험 상품에 가입하여 있거나 가입 당시에 비해 자산이나 가족현황에 큰 변화가 있는 경우 등에는 보유하고 있는 계약을 리모델링 할 필요가 있다. 이 경우에는 보험의 관점뿐이 아니라 전반적인 가계재정에 대해 객관적인 컨설팅을 해 줄 수 있는 금융전문가가 필요하다. 금융전문가에게 의뢰하여 현재의 보장플랜을 전체적으로 검토함으로써 비용을 줄이거나 중복된 보장을 정리하는 방법을 통해 보험료를 절감하는 것도 효율적인 보험관리 요령이다.

알고 보면 자신과 가족을 위험에 노출시키지 않으면서 경제적 어려움도 해결 할 수 있는 방법들이 많다. 조금만 알아보면 훨씬 더 금전적으로나 심적으로 위안이 되는 방법들이다. 이러한 정보들은 보험FP(또는 FC)들로부터 쉽게 얻어낼 수 있는 것들이다. 주변에 나의 재정상황을 터놓고 상의할 수 있는, 실적에 앞서 먼저 나의 재정상황을 염려해주는 진정한 금융전문가가 없다면 이는 본인의 책임일 수밖에 없다.

보험의 가입과 해지를 너무 쉽게 생각하지 말자. 가장 간단한 방법이 곧 재정적으로는 최악의 선택임을 명심해야 한다.

(6) 돈 되는 금융상품 해지 요령

금융상품은 개인은 물론 가정의 재정설계에 있어서 핵심이 되는 부분이다. 재정적 목표달성을 위해 중요한 수단인 금융상품을 어떻게 선택하고 관리하느냐에 따라 목표의 달성여부와 달성에 소요되는 기간 등이 결정된다. 그만큼 개인들의 금융상품에 대한 학습이 요구되는 것이다. 금융상품에 대한 학습은 단지 가입을 위해서만 필요한 것이 아니다. 장단점을 잘 파악하되 해지시 불이익과 실제 해당 금융상품이 제공하는 혜택을 충분히 받을 수 있는 기간 동안 불입을 할 수 있는지 꼼꼼히 확인해 보는 습관이 절실하게 필요하다. 만약 이미 가입한 상품이 있는데 경제적인 사정으로 해지를 해야 한다면 손실을 최소화 하도록 하자.

여유자금은 항상 준비

중도해지라는 지뢰를 밟지 않기 위해서는 항상 MMF나 CMA 계좌에 일정정도의(월 소득의 2~3개월치) 자금은 준비해 놓는 것이 좋다. 언제 갑작스럽게 목돈이 필요할지는 아무도 모르는 일이기 때문이다. 어렵더라도 더 어려울 수 있는 시기를 미리 대비하는 것이 재테크를 위한 포석이다.

해지 수수료를 비교하라

금융상품은 약정기간 전에 해지하면 약속 위반에 대한 벌금을 부담하도록 되어 있다. 장기상품일수록, 세금절감 효과가 큰 상품일수록 더하다. 따라서 만약 금융상품을 해지해야 한다면 중도해지 수수료가 없거나 상대적으로 적은 상품을 먼저 해지하는 게 원칙이다.

원금보장이 되는 은행이나 상호저축은행 예금이나 적금 상품들은 불입한지 몇 달 안되었다면 원금손실 없이 낮지만 일정 금리를 적용받으면서 해지할 수 있다. 실적배당상품은 보통 가입 후 1년이 지나면 중도해지 수수료를 내지 않거나 액수가 적다. 보험도 가입기간에 따라 환급 받을 수 있는 금액이 다르다. 중도해지에 따른 손해가 어느 쪽이 적은지 꼼꼼히 따져본 후 해지할 상품을 선택하는 자세가 필요하다. 실적배당상품은 중도해지수수료가 작은 순으로, 확정금리 상품은 중도해지 이자율이 높은 시점을 택하여 해지하는 것이 유리하다.

담보대출을 적극 활용

예금이나 적금을 중도에 해지하면 이자가 절반 이하로 뚝 떨어진다. 만기가 얼마 남지 않은 예금이나 적금이라면 중도해지 하지 말고 가입한 예금이나 적금을 담보로 대출을 받는 것이 유리하다. 통상적으로 볼 때 계약기간의 절반 이상을 불입한 경우 해지하는 것 보다 담보대출을 받아 가입한 상품의 만기를 채우는 것이 유리하다.

비과세 및 절세상품의 해지는 마지막에

장기주택마련저축, 개인연금저축, 연금저축 등 비과세 및 소득공제 상품을 중도해지 하면 그동안 받아왔던 소득공제 등 세금 우대혜택을 받지 못할 뿐 아니라 지금까지 소득공제로 돌려받은 세금을 모두 추징당내야 하기 때문에 더욱 주의해야 한다.

불가피한 사유(3개월 이상의 입원치료나 요양을 요하는 상해나 질병을 입었을 때, 해외 이주나 저축기관의 영업정지 등)로 중도 해지하는 경우에는 세금을 추징당하지 않는다. 따라서 이 경우에는 소득공제 대상 금융 상품부터 해지하는 것이 유리할 수도 있다.

금융상품가입은 재테크에서 가장 핵심에 서 있는 부분이다. 따라서 금융상품의 가입에도 설계가 필요하다. 남들이 좋다고 해서 앞 뒤 안 가리고 무조건 가입하기 보다는 자신에게 금융상품이 제공하는 열매를 수확할 수 있는 경제적, 심리적 여력이 되는지를 먼저 냉정하게 판단해 본 후에 가입해도 늦지 않다. 벌 것만 생각하지 말고 만약 잘못되었을 경우 잃을 것까지도 생각해 보고 상품에 가입하는 것, 이것이 바로 금융상품의 제대로 된 설계이다.

5. 주식 투자

(1) 주식

매일 보는 뉴스에서도, 신문에서도 주식 얘기는 빠지지 않고 직장 동료들도 주식으로 용돈을 벌어 쓴다고 하는데 왠지 주식투자는 쌈짓돈을 까먹는 것 같아서 멀리 했지만 이젠 주식을 빼면 어디서든지 대화가 되지 않을 정도다.

주식투자! 양날의 칼과 같아서 고수익의 희망을 주기도 하지만 잘못하면 원금도 까먹을 수 있는 위험부담이 큰 투자 방법이다. 그러나 주식투자를 하게 되면 경제에 대한 이해가 매우 높아지게 되고, 도박성향의 투기가 아닌 과학적인 정석투자를 한다면 은행금리보다 높은 수익을 올릴 수 있다.

처음 배우는 주식투자는 욕심을 부리지 말고 주머니 속의 작은 쌈짓돈으로 시작하여 경제의 흐름을 배우고 투자하는 방법을 배운다는 자세로 시작하는 것이 올바른 자세다. 주식투자를 할 때 가장 주의해야 할 것은 원금을 날릴 수도 있다는 것을 명심해야 한다. 투자자금을 대출 받는다거나 아파트 살려고 준비한 돈을 잠시 활용한다거나 하는 것은 큰 낭패를 불러올 수 있으므로 절대 하지 말아야 한다. 즉, 주식투자 자금은 사용처가 정해지지 않은 자기 돈으로 하여야 한다는 것이 기본이다.

주식투자는 확정금리를 받거나 원금을 까먹지 않는 실적에 따른 배당을 받는 안전한 투자방법이 아니다. 따라서 주식투자는 공부를 많이 하여야 하며 체계적인 학습을 통하여 익힌 과학적인 투자방법으로 하여야만 실수가 없다. 이렇게 배운 투자방법을 통하여 자신만의 투자기술을 익혀야지만 많은 투자를 할 수 있는 자격이 있다고 할 수 있다.

주식 왕초보 가이드

첫째, 먼저 공부부터 하라

주식투자가 결코 어려운 것은 아니지만 쉽게 이해할 수 있는 것도 아니다. 혹자들은 수업료 운운하면서, 초기 투자의 실패를 당연시하는 경향도 있다. 하지만 이는 체계적인 공부없이 주식투자에 임했기 때문이며, 주식투자를 부조건 돈 버는 쪽에서만 접근했기 때문에 나온 말이다.

둘째, 투자격언을 항상 명심한다

주식투자에 실패하는 사람들은 대체로 투자격언들을 자주 잊어버리는 경향이 있다. 실패한 후에야 비로소 깨닫는 것이다. 이렇게 실패하는 사람들은 몇 가지 유형을 갖고 있기 때문에 이러한 유형들을 잊지 않도록 한다면 주식투자에 성공할 수 있다.

셋째, 초기에는 공모주나 CB 등에 투자

초기에는 시범적으로 공모주나 CB 등에 투자를 한다. 주식투자 초기에는 상대적으로 위험이 낮은 투자대상을 골라 시험해 보는 것이 좋다. 주식정보를 선별하는 일이 간단한 일은 아니므로 연습이 필요하기 때문이다. 공모주나 CB투자를 통해 우선 주식투자에 대한 재미를 느낀 후 개별 종목에 대한 정보를 모으고, 매매판단을 하는 훈련을 한다.

넷째, 모의투자게임 대회에 참여

주식에 대한 흥미와 관심만이 주식투자에 성공할 수 있는 지름길이다. 단순히 돈을 벌기 위해 아무에게나 돈을 맡기는 일은 자기의 재산을 천운에 맡기는 것과 크게 다르지 않다. 물론 전문가가 더 주식투자를 잘 할지는 모르지만, 자기 재산처럼 해 줄까? 차라리 자신이 없으면 뮤추얼펀드나 수익증권에 투자해 보는 것은 어떨까?

투자와 투기의 구분

월가의 영웅 워렌 버펫과 피터 린치는 주식을 사고파는 일을 자기 돈으로 자기사업을 차리는 매우 중요한 결정으로 여겼다.

주식을 사고파는 일은 주문지 한 장으로 결정되는 사소한 일이라고 속단할지도 모르나 그 기업의 주주 위치를 확보하는 중요한 일이다. 그래서 자기가 선택할 기업이 제대로 성장하고 있는지, 선택할 만한 가치가 있는지 신중히 열심히 연구하고 분석한 후에야 선택을 결정하라는 뜻이다. 이것이 두 영웅이 정의하는 '합리적 투자자'의 특징이다.

투기는 이러한 노력없이 다만 시장의 추세와 흐름에 편승하여 이익을 추구하는 방식이다. 이것도 노력이 들기는 하지만, 내재가치 중심의 합리적 투자방식은 시장이 부침하는 와중에도 현재상태가 저평가인지, 고평가인지, 쉬어야 되는지 판단할 수 있는 근거와 신념을 제공하는 반면에 투기적 방식은 시장을 추종만 할 뿐이다.

투자위험이 낮은 주식투자

공모주 투자는 리스크가 가장 낮은 투자 방법이다. 공모주는 ①기업공개 ②유상증자 ③구주주의 실권시에 청약하여 받을 수 있다. 공모주는 주가등락 위험에 시달리는 고민없이 시세차익을 거둘 수 있기 때문에 요즘과 같은 증시활황기에 특히 인기가 높다. 무려 10조의 자금이 공모주 청약에 몰려 있는 걸로 추정될 정도다.

반면 공모주는 경쟁률대로 주식수를 비례 배분하기 때문에 인기가 높으면 높을수록 1인당 배분되는 주식수는 적다. 직접 주식투자보다는 안전한 고수익이 가능하지만 욕심껏 주식수를 가질 수 없다는 것이 단점이다.

증권사 구분	청약 조건
현대	월평균 예탁자산 100만원 이상
LG	전월 평균 예탁자산 1,000만원 이상 또는 주식거래실적 500만원 이상
대신	전월 마지막주 토요일 기준 예탁자산 300만원 이상
대유리젠트	청약일 전주말부터 직전1개월간 평균예탁자산 300만원 이상
동양	3월부터 청약조건 강화, 내용 미정
일은	전월 평균 예탁자산 800만원 이상
굿모닝	전월 평균 예탁자산 500만원 또는 청약당월 예탁자산 1,000만원 이상 청약개시 7일전까지 계좌 미리 개설
대우	전월 평균 예탁자산 100만원 이상
삼성	청약개시 7일전까지 예탁자산 300만원 이상 또는 최근 한달간 거래실적 300만원
부국	청약개시 15일전까지 계좌 개설 또는 청약개시 직전영업일까지 수익증권 100만원
신흥	청약일 전월말기준 고객계좌의 월평잔금액에 따라 개인별 청약한도 설정
한빛	①전월 주식거래실적 100만원 이상 ②최근3개월 거래실적 300만원 이상 ③전월말현재 예탁자산 100만원 3개중 1개 충족
하나	청약 전주말까지 위탁계좌 또는 저축계좌 개설
한양	청약당일 계좌개설해도 청약 가능
그외 증권사	청약개시 직전일까지 미리 계좌 개설

시장 주도주를 잡아라

주도주란 시장 최고의 인기테마를 몰고 다니며 가장 활발한 거래 및 시세운동을 보여 다른 종목 및 종합지수의 상승이나 하락을 선도하는 영향력을 가진 소수 종목군을 말한다.

대중으로부터 철저히 소외당하여 초기 상승국면에서도 왜 오르는지 뉴스나 매스컴에서 이유를 알 수 없는 종목으로 이전 대세하락 국면에서 폭락하였거나 장기간 대중으로부터 철저히 소외됨으로 인하여 대중들의 매물이 다 털린 매도공백 종목 또는 경제 환경의 대변동에 부합하여 인기를 얻는 산업 내 대표종목을 주도의 특징으로 꼽을 수 있다.

주도주는 현재 일반인들이 대부분 알고 있는 종목에 있지 않고 의외의 종목, 오랫동안 철저히 외면당한 종목이 미래의 새로운 경제환경 변화를 예감할 때 벌떡 일어나 대시세를 뿜는 주도주로 탄생한다. 그러므로 과거의 선입견을 무시하고 변화의 조짐이 보이면 투자관을 미래에 초점을 맞추어 전면 변화시키는 유연한 사고방식이 필요하다.

(2) 펀드

주식을 통한 직접 투자는 투자자의 위험 부담이 높은 반면 펀드는 그 분야 전문가들이 운영하기 때문에 리스크가 낮은 것이 매력이다.

펀드의 종류

투자자 본인이 직접 관리하는 주식과 달리 펀드는 위험성을 줄인 간접투자 상품으로 크게 수익증권과 뮤추얼 펀드로 나뉜다.

수익증권은 계약형 투자신탁이라고 하며, 투자운용을 담당하는 위탁회사(투자신탁회사)가 신탁재산을 보관, 관리하는 수탁회사(은행)와 신탁계약을 체결하여 발행한 수익증권을 판매대행 회사(투자신탁, 증권, 은행)를 통해 일반 투자자들에게 판매하여 간접투자하게 하는 상품이다.

뮤추얼 펀드는 회사형 투자신탁이라고 하며, 펀드가 하나의 회사의 형태를 이룬다. 뮤추얼 펀드는 주주(투자자)가 투자한 자금으로 설립된 하나의 증권투자회사이며(Paper Company), 설립된 회사의 자본금은 자산운용회사가 그 증권투자회사와의 계약에 의해 운용된다. 결국 계약형 투자신탁과는 유가증권에 투자하는 펀드라는 점에서 다를 것이 없지만, 그 형식이 하나의 회사를 이루고 투자자는 회사의 주식을 매수하는 개념이라는 차이점이 있다.

펀드의 유형

펀드는 투자하는 유가증권의 비율에 따라 주식형, 혼합형, 채권형, MMF 등으로 구분된다. 현재 시장의 상황과 자신의 투자성향에 맞춰 투자대상 펀드를 선택하실 수 있다.

채권형 – 채권 및 금리선물에의 최저 투자비율이 신탁재산의 60% 이상인 펀드
주식형 – 주식 및 주가지수선물, 옵션에의 최저 투자비율이 신탁재산의 60% 이상인 펀드
혼합형 – 채권(금리선물포함) + 주식(주가지수선물,옵션) ≥ 20% 이상, 채권 및 금리선물에의 투자 60% 미만, 주식 및 주가지수선물 옵션 투자 60% 미만
MMF – 유가증권의 운용비율 등에 제한이 없고, 자산을 주로 단기성자산(콜론, CP, CD 등)으로 운용하는 펀드

6. 신용카드 재테크

천신만고 끝의 취업! 이제 나도 어엿한 사회인이 되었다. 이제 월급 받으면 부모님께 용돈도 드리고 애인과 함께 떳떳하게 데이트도 할 수 있겠지. 그런데 한 가지 참 궁금한 게 있다. 신용카드! 그냥 직장인이 되면 당연히 만들어서 쇼핑할 때 현금 대신 쓰는 것으로 알고 있었는데 뭐가 이렇게 복잡한 게 많은지 정신이 없다. 대체 어떤 카드를 발급받아 어떻게 써야 좋은 것인지, 어쨌든 만들긴 만들어야 하는데 과소비나 하지 않을까 걱정이다.

신용카드는 자신의 신용과 미래의 수입을 담보로 하여 현재의 재화와 용역을 구입하고 이용할 수 있는 플라스틱 머니다. 신용카드는 우선 현금 소지에서 비롯되는 불편과 위험성을 줄이고, 자주 사용하면 각종 마일리지 서비스와 할인을 받을 수도 있고 상품 구입시 일시불로 결제가 곤란할 경우 수수료를 붙여 할부구매도 가능하며 급전이 필요할 때 별다른 절차 없이 자금을 융통할 수 있다. 정부의 세원투명화 정책에 힘입어 신용카드 영수증 복권제도를 실시하는가 하면 사용금액의 일부를 연말정산 때 소득공제도 해 준다. 하지만 그런 신용카드가 요술방망이는 아닌지라 계획성 있는 소비패턴을 유지하지 않을 경우 과소비와 연체로 이어져 급기야 개인의 정상적인 사회활동에 제약을 주기도 한다.

그런데 부인할 수 없는 사실은 신용카드는 이제 우리의 생활에 없어서는 안 되는 생활의 일부가 되었고, 신용 있는 투명한 사회의 구현을 위해서는 필수 불가결한 결제수단이라는 점이다. 신용카드는 분명 개인에게 큰돈을 벌어다주는 재테크의 수단은 아니지만 현대를 살아가는데 있어 없어서는 안 될 중요한 결제수단이고 계획적이고 절제 있게 사용 할 경우 일상적인 지출을 통해 삶의 질을 향상시키고 윤택하게 해주는 진정한 재테크의 수단이 될 수도 있다는 점이다.

(1) 신용카드 포인트는 돈이다

신용불량자가 사회적인 문제로 대두되고 있다. 경제난이 근본적인 원인이었지만 일부 효율적인 소비통제가 안 되었던 측면도 있었던 것이 사실이다. 무분별한 소비의 원흉(?)으로 지목되었던 것이 바로 신용카드이다. 소비의 통제가 잘 안 되는 소비자라면 신용카드를 아예 사용하지 않는 것이 좋겠지만 대부분의 사회인에게 신용카드는 이미 필수품이 되어 있어서 쓰지 않을 수 없는 경우가 많다. 어차피 사용해야 한다면 제대로 알고 써야 하는 데 그 중에서도 신용카드 포인트는 잘만 활용하면 작지만 가정경제에 도움이 될 수 있는 하나의 수단이 된다.

신용카드도 라이프 사이클에 맞춰서 선택

이제는 모든 금융상품을 선택할 때 라이프 사이클을 고려하는 것은 기본. 라이프 사이클에 맞춘 금융상품은 소비자가 잘 만 활용한다면 삶의 질을 한층 업그레이드시켜 줄 가능성이 그 만큼 커지기 때문이다.

신용카드의 선택도 이제는 은행이나 증권사 상품을 고르듯 신중해

저야 한다. 연령별, 직업별은 물론 라이프 사이클별, 취미별로도 다양한 부가서비스와 포인트 적립 혜택을 제공하는 신용카드들이 쏟아져 나오고 있기 때문이다. 자동차를 소유하고 있는 사람이라면 주유할인에 관심이 많을 것이고, 쇼핑을 많이 하는 사람은 쇼핑할인 또는 적립 혜택에 관심이 많을 것이다. 피자를 아주 좋아한다면 피자업체와 제휴하여 할인서비스를 제공하는 제휴카드가 무척이나 반가울 것이다. 자신의 생활패턴을 충분히 이해하고 그 생활패턴에 가장 많은 혜택을 주는 카드를 고를 수 있다면 당신은 남들보다 한 발 앞서 나갈 수 있다.

또 하나 주의해야 할 점은 연회비. 최근에는 연회비가 아예 면제되거나 저렴한 카드들도 많이 출시되고 있다. 반면 연회비 면제라고 선전하는 일부 신용카드들의 경우 연간 일정금액 이상을 해당 카드로 사용해야 한다는 조건이 붙어 있는 경우도 있으므로 꼼꼼히 확인해 보는 습관이 필요하다.

신용카드 포인트는 돈처럼 관리하라

몇 년 전 신용카드사들이 적립포인트를 공지 없이 적립 후 5년 경과시 폐기해왔다는 사실이 알려지면서 비난을 받은 적이 있다. 하지만 신용카드사만 비난할 문제일까? 정작 포인트에 대한 권리를 가지고 있는 소비자들이 너무 무관심했기 때문에 이러한 일이 벌어진 측면도 있다. 신용카드는 단순히 먼저 쓰고 나중에 결제하는 편리한 수단 이상의 기능들이 들어 있고 이를 이용하고 안하고는 철저하게 소비자 자신에게 달려 있다.

신용카드 포인트, 얼마나 잘 알까

1. 보유하고 있는 신용카드의 온라인 회원으로 가입이 되어 있다.
2. 보유 중인 신용카드의 적립 포인트 규모를 알고 있다.
3. 신용카드 결제내역을 이 메일로 받아보고 있다.
4. 나의 신용카드를 사용하면 어떤 포인트가 적립 되는지 안다.
5. 신용카드 사용액 중 어떤 항목이 가장 많은지 대략적으로라도 알고 있다.
6. 카드별로 어떤 주요 부가혜택이 있는지 알고 있다.
7. 보유하고 있는 신용카드의 결제를 자동이체를 통해 하고 있다.
8. 신용카드 종류별, 가맹점별로 포인트 적립비율이 다르다는 것을 알고 있다.
9. 내가 주로 이용하는 신용카드의 주요 가맹점을 3개 이상 알고 있다.
10. 적립된 포인트를 이용할 수 있는 방법을 세 가지 이상 알고 있다.

※위의 항목 가운데 최소 5개 이상의 항목에 대해 예라고 답할 수 있어야 신용카드 포인트를 이해하고 있다고 할 수 있다. 신용카드 포인트도 돈이라는 생각을 가지고 가능하다면 모든 항목에 예를 할 수 있도록 노력해 보자.

(2) 신용카드 길라잡이

생활의 필수품이 된 신용카드, 잘 관리해야 개인의 신용은 물론 재테크도 한 단계 발전할 수 있다.

카드발급 신청할 때

용도가 정해지지 않고 충동적으로 발급하는 신용카드는 연체로 가는 지름길이다. 신용카드 가판 신청대는 많은 사은품도 제공하고, 발급도 아주 쉽게 되곤 하기에 많은 사람들이 이용하곤 한다. 그런데 가판 신청대는 카드사에서 정식으로 채용한 정규직원이 아니라 영업점과 계약을 맺고 카드사의 회원모집을 대행해 주는 사업자다. 카드 한 장 발급은 곧 수입과 직결되기 때문에 때론 편법을 동원해서 실제로는 카드발급대상에서 제외되는 사람들도 카드발급을 해 주곤 한다. 대부분이 카드사의 지점·영업점에서 필요에 따라 채용을 하는 경우가 많은데다가 영업점 실적에 따라 카드발급시기를 늦추는 경우도 있어 고객들로서는 자신의 카드발급 여부를 알 수 없는 답답한 상황에 처하기도 한다.

하지만 이때 작성해 준 신청서의 개인정보가 유출될 가능성이 있음을 알아야 한다. 이 경우 신용카드사가 모든 책임을 지지 않을 수도 있다.

또한 아무 생각없이 그냥 발급신청이나 하면서 사은품을 받고자 했다면 큰 오산이다. 카드발급 시에는 '신청자의 신용조회'라는 과정을 거치게 되는데 '가판 신용카드 가입' 권유나 기타 금융권(은행을 제외한 제2여신금융권)에서 무책임하게 무작위로 이어지는 신용조회는 신용불량자는 아닐지라도 개인의 신용상태에 상당한 부담으로 작용할 수 있다. 할부금융사에서는 기간별 신용 조회수를 비교하여 조회수가 많게 되면 거래기피자로 '유의' 등재하기 때문입니다.

카드를 처음 받았을 때

신용카드 사고 사례 중에는 직장으로 배달된 신용카드를 직장 동료가 수령하여 몰래 사용하여 문제가 되는 경우도 있다. 만약을 대비하여 카드수령은 본인이 직접 하는 편이 훨씬 안전하며, 신용카드는 발급받는 즉시 카드 뒷면의 서명란에 본인이 서명하여야 하며, 만약 카드 뒷면에 서명하지 않았다면 카드를 분실하거나 도난당했을 때 제3자가 카드를 부정 사용했을 때 신고를 해도 보상을 받을 수 없다.

또 카드를 발급받은 후 바로 카드번호와 분실시 신고처, 전화번호 등을 별도로 기록, 보관하여 분실이나 도난에 대비하는 게 좋다.

회원약관은 보상처리의 중요한 기준이 되는 조항들이 명시되어 있다. 하지만 대부분 귀찮기도 하고, 어렵기도 해서인지 약관을 눈여겨 살피지 않는다. 약관을 한번이라도 읽어보고 중요하다고 생각되는 부분에 표시를 해 둔다면 사고시 현명하게 대처를 할 수 있다.

카드를 분실했을 때

분실하거나 도난을 당했을 때 가까운 관련 은행 및 카드사에 바로 신고해야 하고, 전화로 신고했을 때에는 접수번호를 반드시 적어 둔다. 각 지역의 카드사 ARS 전화번호를 알아두면 수시로 결제대금 조회 및 카드 거래정지 등의 내용을 확인할 수 있다. 그리고 소정양식에 의거하여 지체없이 그 내용을 서면으로 신고해야 한다.

신고한 후 도난, 분실신고 접수시점으로부터 25일 전 이후(현금서비스는 신고시점 이후)에 발생한 제3자의 카드 부정사용금액에 대해서는 카드 회사로부터 보상을 받을 수 있다. 다만, 카드 1매당 최고 2만원까지는 회원이 부담해야 합니다.

그러나 회원의 고의 또는 중대한 과실로 인한 부정사용의 경우나 카드의 대여, 양도, 담보제공, 불법대출 등으로 인한 부정사용의 경우, 회원의 가족이나 동거인(사실상의 동거인 포함)에 의한 부정사용 또는 이들이 관련하여 생긴 부정사용의 경우, 부정사용의 피해조사를 위하여 카드사가 정한 조사에 협조하지 아니한 경우 등에 대해 모든 책임을 회원이 부담한다.

신용카드를 분실 또는 도난당한 후 본인이 사용하지 않은 금액을 확인하거나 또는 결제대금 입금요청을 받았을 때에는 가까운 해당은행이나 해당 카드사를 방문해서 보상신청을 하면 된다.

카드를 재발급 받으려면

카드의 유효기간이 다 되면 새로운 유효기간이 기재된 카드를 재발급 받을 수 있다. 카드를 분실했거나 도난당했을 경우 신고 후에 재발급이 가능하다. 이미 발급된 카드라도 부가서비스, 등급, 신용한도액 등을 변경하여 재발급, 복수발급 받을 수 있다.

카드사용시 유의사항

카드를 사용할 때 반드시 본인이 직접 계산대에서 카드를 제시하여 매출표 내용(가맹점명, 거래금액, 거래일자 등)을 확인한 후 매출표 서명란에 카드 뒷면의 서명과 동일한 서명을 한다. 매출전표 영수증(회원용)은 카드대금 청구가 올 때까지 보관했다가 청구금액을 확인하고 청구금액이 다른 경우 증빙서류로 활용한다.

사용대금 청구서가 결제일까지 도착되지 않았을 경우 청구금액을 해당 카드사 또는 해당 은행 영업점으로 문의하여 결제해야 한다.

카드의 유효기간은 카드 표면에 기재되며, 카드의 유효기간이 도래

된 경우 카드사는 회원으로서 적당하다고 인정하는 회원에게 새로운 유효기간이 기재된 카드를 갱신하여 발급한다. 유효기간이 경과한 카드와 갱신발급으로 인한 구 카드는 사용할 수 없으며, 즉시 카드사에 반환하거나 이용이 불가능하도록 절단하여 폐기하는 것이 좋다.

가족회원제도를 이용할 수 있다

명의인 본인의 가족을 회원으로 할 수 있다. 카드 이용에 관한 모든 책임을 명의인 본인이 부담함으로써 가족회원에게 카드가 발급된다. 대부분의 경우 가족회원에게는 연회비가 면제되고, 본인회원과 동일한 서비스가 제공(일시불 및 할부구매, 현금서비스, 해외사용 등)된다.

본인회원은 본인 및 가족회원의 카드에 관한 모든 행위 및 발생된 채무전액에 대하여 책임을 지며, 가족회원은 자신이 사용한 금액 및 카드관리에 따른 채무에 대해서만 책임을 진다.

카드 사용 한도

회원의 카드이용한도는 카드사가 별도로 정합니다. 회원이 이용한도를 변경하고자 할 경우 카드사에 승인을 얻는 서류를 제출하면 된다. 회원이 신용카드를 이용하여 물품 또는 용역을 구매할 수 있는 한도는 카드사가 별도로 정하여 통보해 준다.

회원이 국외에서 신용카드로 물품 또는 용역을 구입하거나 현금서비스를 받을 수 있는 범위는 신용카드사에서 개인에게 정해 준 한도 내에서 가능하다. 다만 이 한도는 회원의 신용도를 고려하여 카드사와 회원의 협의를 통해 증액할 수 있다.

카드 이용한도는 카드사가 관리하며, 회원이 이용한도를 초과하여야 할 특별한 사정이 있는 경우 이용하고자 하는 금액, 이용일시, 가맹점명, 사유 등이 기재된 승인 신청서를 카드사에 제출해 승인을 얻어야 한다.

현금서비스 이용하기

국내에서 뿐만 아니라 해외에서도 현금서비스를 받을 수 있다. 카드사에 신고한 비밀번호를 반드시 기억해야 현금자동지급기로 현금서비스를 받을 수 있다. 영업시간이 지나서 현금서비스를 받을 때에는 일정한 범위 내에서 이용수수료를 부담해야 한다.

현금자동지급기, 카드사가 인정하는 제휴업체의 전산기기(현금자동지급기)에 의하여 현금서비스를 받을 경우 회원이 카드사에 신고한 비밀번호와 현금서비스 신청시 조작한 비밀번호가 같을 경우에 한하여 현금서비스 신청금액을 즉시 지급된다.

할부거래의 이용과 취소

국내 거래시 5만원 이상의 물품이라면 할부거래를 할 수 있으며, 해외에서는 할부거래를 할 수 없다. 할부거래를 할 때 문제가 생겼을 때 거래금액이 20만원이 넘는다면 이의를 신청할 수 있다. 할부금은 기한이 도래하기 전이라도 일시에 지급할 수 있다.

매월의 대금결제일에 결제되지 않은 할부금에 대하여는 당해 대금

결제일 다음날부터 완전히 결제하는 날까지 연체료를 추가로 부담해야 하며, 기한이익상실의 경우에도 카드사의 지급청구일 익일부터 그 완제일까지의 연체료를 추가 부담해야 한다.

할부거래시 문제가 생겼을 때에는 할부를 철회하거나 항변을 하는 등의 이의신청이 가능하다.

카드 사용금액에 이의가 있을 경우

발급점이나 해당 카드회사에 전화로 확인을 한 후 서면으로 이의신청을 한다. 카드 사용금액에 이의가 있을 때 발급점 또는 해당카드사 고객상담실로 전화로 확인을 하고 만약 전화로 해결되지 않는 경우에는 가까운 카드사 영업점에 서면으로 즉시 이의신청을 해야 미연의 사고를 방지할 수 있다.

(3) 카드사고의 주요 형태

현금과 동일하게 거래되는 신용카드의 관리를 소홀하게 하면 금융사고가 발생할 수 있다. 나아가 신용불량자가 될 수 있으니 관리를 철저히 해야 한다.

신용카드 부정 발급

타인의 신상정보를 이용하여 카드를 발급받아 사용함으로써 개인정보를 유출당한 개인에게 엄청난 피해를 입히는 경우다.

신규발급된 카드의 전달과정에서 가로채거나 하는 등의 수법

신용카드는 발급시 등기나 인편을 통해서 전달되는데, 카드 수령지를 직장으로 해 놓은 경우 본인 부재시엔 주로 회사동료가 대신 수령을 하곤 한다. 이때 대신 카드를 수령 한 회사동료가 카드를 전달하지 않고 몰래 사용함으로써 큰 피해를 입을 수 있다.

카드가 갱신되어 발급되는 과정에서 대리 수령인의 부정사용

카드 수령지·대금청구서 수령지를 회사로 등록해 놓은 상태에서 퇴사를 하게 되면 반드시 그 사실을 카드사에 통보하여 대금청구서 수령지를 변경해야 한다. 그렇지만 대부분의 경우 이를 소홀히 하곤 하는데, 이런 경우 추후 카드가 갱신되는 시점에서 카드가 전 직장으로 발송돼 본인과는 안면도 없는 적 직장의 직원이 이를 대신 수령하였다가 부정사용하게 될 우려가 있다.

카드 및 매출표 위·변조

전문사기단이나 사채업자들이 불법현금대출(카드깡)을 받으러 온 카드소지자의 카드번호와 이름을 알아내 카드를 위·변조한 뒤 회원 모르게 매출전표를 작성, 카드사에 청구해 현금을 챙기는 수법이다.

단란주점 등 유흥업소에서의 이중전표 작성

사람들은 대부분 만취가 된 상태에서는 분별력이 많이 떨어진다. 최근 유흥주점에서 카드회원 본인 몰래 카드전표를 이중으로 작성, 청

구하는 경우가 있다. 이런 경우 다음날 정신을 차리고 항의를 하더라도 시치미를 떼면서 카드회원 부주의로 돌리곤 한다.

만취행인을 상대로 한 신용카드 탈취 및 부정사용

술에 취한 행인을 노려서 신용카드를 탈취하여 사용해 버리는 수법으로 속칭 '아리랑치기'라고 부른다. 대부분 신용카드를 노리고 범죄가 이루어지기 때문에 불과 몇 분 안돼 신고를 하더라도 이미 현금서비스를 받아갔거나 부정사용이 이뤄진 후다.

카드불법대출

카드범죄의 피해사례 중 2차 범죄에도 이용돼 회원들이 가장 큰 피해를 당할 수 있는 사례다. 사채업자(불법현금대출업자)가 가맹점을 운영하면서 신문 광고 안내전단 등을 통해 회원의 불법대출을 유도한 뒤 정상적인 물품판매가 없는 데도 허위로 매출전표를 작성, 회원에게 대출금액의 15~20%를 선이자로 떼고 나머지 금액만을 주는 것을 말한다.

카드 바꿔치기

핸드백이나 지갑을 도난당했다가 다시 되찾은 경우, 또는 분명히 소매치기를 당했는데 현금만 없어지고 카드는 그대로 있을 경우 신용카드가 내 것인지 확인해야 한다. 대부분 지갑속의 카드 유무만 확인하는 경우가 대부분인데 이런 허점을 노리고 카드를 바꿔치기 하고 이를 이용해 각종 사고를 저지르게 된다.

(4) 카드 사고 예방을 위한 주의사항

소 잃고 외양간 고치는 것보다 사전에 예방하는 것이 큰 사고를 피하는 요령이다. 신용카드 관련 사고를 막을 수 있는 방법을 소개한다.

너무 많은 카드를 소지 하는 것은 위험

많은 카드를 가지고 다닌다는 것은 그 만큼 많은 위험을 안고 다니는 것과 마찬가지. 카드는 자신에게 가장 적합한 카드를 한두 가지 정도만 발급받아 사용하는 것이 가장 좋다.

비밀번호는 생년월일 또는 주민등록번호와 무관하게

대부분의 경우 지갑이나 핸드백 채로 도난·분실 당해서 신용카드와 주민등록증을 함께 도난·분실 당하곤 한다. 따라서 신용카드의 비밀번호는 자신의 생년월일이나 주민등록번호와는 무관한 것으로 사용하는 게 좋으며 두 장 이상의 신용카드를 소지하고 사용할 경우 그 신용카드들의 비밀번호를 한 가지로 통일시키는 것은 도난·분실 시에 매우 위험하므로 여러 장의 신용카드를 가지고 있을 경우 각 신용카드의 비밀번호는 각기 다른 것으로 사용해야 도난·분실 시의 위험을 분산시킬 수 있다.

카드 수령 후 반드시 자필서명부터

카드 뒷면에 서명이 되어 있지 않으면 도난·분실시의 부정사용 발생시에 카드사로부터 보상을 받을 수 없다. 따라서 카드 수령 직후에 반드시 카드 뒷면에 자필 서명을 하며, 카드결제시엔 매출전표에 카드 뒷면의 서명과 동일하게 서명해야 한다.

카드 뒷면 서명부분을 복사해서 따로 보관

신용카드의 도난·분실로 인한 부정매출의 경우에는 카드 뒷면에 있는 본인의 서명과 부정매출이 발생한 매출전표 상의 서명이 다른점을 입증하면 전액 분실보상을 받을 수 있다. 따라서 만약의 사태에 대비해서 카드 뒷면을 복사해서 따로 보관을 하면 설사 지갑채로 도난당하거나 분실을 당했더라도 부정매출 발생시에 서명의 불일치를 입증할 수 있는 중요한 근거자료가 된다.

청구서 수령 주소가 바뀌면 즉시 카드사에 통보

이사 또는 이직 등으로 인해 신용카드·신용카드 청구서 수령 주소에 변동이 있으면 즉시 그 사실을 카드사에 통보하여 이전 주소로 갱신된 카드나 카드 청구서가 발송되지 않도록 주의한다. 무심코 변경하지 않고 있다가 부정사용으로 인해 동료들을 의심하게 되는 서글픈 상황에 직면할 수도 있다.

가끔 자신의 카드사용내역과 신용정보를 열람한다

한 달에 한두 번 정도 자신이 사용한 카드가 제대로 승인되었는지, 부정으로 사용된 거래가 있는지 등에 대해서 해당 카드사의 사이버지점을 통해서 확인하고, 가끔 신용정보기관 등에서 제공하는 신용정보

확인 서비스 등을 이용하면서 자기 몰래 부정 사용된 신용카드가 있는지 점검한다.

도난·분실 시에는 즉시 신고한다

카드의 도난이나 분실을 알게 된 때에는 지체없이 카드사에 신고해서 피해를 최소화한다. 현재 제도상 신용카드 도난·분실 신고시점부터 25일전 이후부터 발생한 부정사용에 대해서는 카드사에서 보상토록 되어 있다. 또 서명신고도 반드시 필요한 사항이므로 전화신고 후 빠른 시간 내에 카드사의 영업점 등을 방문해 서면신고절차를 마친다.

(5) 카드대금의 연체

신용카드를 사용하다 보면 본의 아니게 연체가 되게 되어 많은 불편을 겪게 된다. 이런 경우 연체가 되고, 카드사로부터 독촉 전화가 온다고 해서 겁을 먹을 것이 아니라 먼저 해당 카드사로 연락을 취해서 연체가 되게 된 부득이한 상황을 설명하고 함께 해결책을 모색하는 것이 중요하다.

90일 이내의 연체인 경우

연체 개월 수에 따라 약간의 차이가 있겠지만 일반적으로 90일 이하의 연체일 경우 연체된 카드의 현금서비스 한도 내에서 연체금액을 정리해 주는 방식이 많이 쓰인다. 사실 연체를 하루라도 하게 되면 해당 연체된 카드는 사용이 정지되는데, 카드사가 연체자에 대한 신용정보를 공유함으로 인해 연체가 된 카드뿐만 아니라 다른 카드들까지 사용이 정지되기 때문에 현금 서비스를 받을 수가 없게 된다.

이런 대환현금서비스는 그 연체금액이 비교적 작고 해당 고객의 현금서비스 한도 내에서 처리될 수 있는 상황일 때 가능하며, 무엇보다도 신용도가 우량한 상태에서 일시적인 연체를 하였을 경우에 고려될 수 있다.

90일이 넘는 연체일 경우

90일 이상의 연체일 경우는 연체대금을 대출로 전환하여 납입토록 하는 방식이 주로 사용된다. 이는 연체금을 대출로 전환하여 매월 갚아나가는 하는 제도를 말하는데, 카드사가 결제대금이 연체되었다고 해서 성급하게 고객에게 법적인 행동을 취하는 것이 아니라 일시적인 신용경색 · 실수 등으로 연체가 발생한 회원에게는 시일을 두고 연체를 정리하면서 자신의 신용상태를 관리할 수 있도록 기회를 제공하는 일종의 배려장치라고 할 수 있다.

보통 이 제도를 대환대출(전환론이라고도 함)이라고 부르는데, 유용하고 연체이자보다는 이자율이 낮지만 그래도 일반 시중 대출금리에 비해서는 이자율이 무척 높다.

대환대출은 금융기관 내부적으로 정해서 하기 때문에 카드사마다 운용하는 방법도 다르다. 각 카드사들마다 대환대출을 운용하는 방법이 상이한 만큼 자세한 세부조건은 각 카드사 담당자와 통화를 해 신용불량자로 등재 되었는지, 보증인 입보여부, 보증인 입보시 보증인의 신용정보가 깨끗한지, 자격요건이 되는지, 기간은 얼마나 가능하고 원리금 균등분할 상환인지 여부 등을 알아보는 것이 좋다.

또한 카드사의 연체독촉에 위축된 나머지 '직장인 신용대출'이나 '급히 돈 쓸 분' 등으로 광고가 되고 있는 사채를 쓰는 것은 반드시 피해야 한다. 잠시 신용카드사의 연체독촉으로 괴롭겠지만 사채를 통해서 해결한 뒤 다시 사채를 해결하기 위해서는 너무나도 엄청난 희생이 요구되는 경우가 많기 때문이다.

(6) 신용카드 불법할인(카드깡) 대처법

신용카드 불법할인(일명 '카드깡')으로 피해를 입었다는 뉴스가 심심찮게 등장하고 있다. 현금이 급해 자신도 모르게 카드깡 사기에 걸려들어 금전적 피해는 물론 신용불량자가 되었다는 것이다.

현행법에 따르면 신용카드 불법할인은 '불법 현금유통'이란 범죄행위로 해당업체는 여신전문금융업법에 의거하여 3년 이하의 징역 또는 2,000만원 이하의 벌금을, 이용고객은 금융질서 문란자로 7년간 금융거래상의 제한을 받게 된다.

신용카드 불법할인 유형
- 실물거래가 없는 카드할인(카드깡) : 신용카드로 위장가맹점을 통해 허위 매출을 발생시켜 현금을 융통
- 실물거래가 있는 카드할인(현물깡) : 신용카드로 실제 물품(명품, 귀금속, 농산품, 전자제품, 상품권 등)을 구입한 후 재판매하는 방법으로 현금

을 융통
- 온라인 상의 카드할인(사이버 카드깡) : 인터넷 쇼핑몰에서 매출을 가
  장하거나 경매를 가장하여 PG가맹점 또는 인터넷 경매사이트를
  통해 허위매출을 발생시켜 현금을 융통

피해 예방 및 카드깡 의심 업체
- 생활정보지, 인터넷 등 카드관련 대출(명칭에 관계없이)은 절대 이용
  하지 말 것
- 전화를 통해 카드대금을 대신 갚아 준다며 신용카드를 맡기라고
  하거나 비밀번호 등을 요구하는 업체
- 인터넷에서 자신들의 신원도 밝히지 않고 카드관련 대출을 이유
  로 카드번호 등을 입력하도록 하는 업체
- 신용카드 할부대출 등으로 광고하면서 할부구매한도를 이용하여
  몇 십개월 할부로 대출해주겠다는 업체

신용카드 불법사용과 관련된 신고는 관할 경찰서 수사 2계나 국무
조정실 민생경제 국민 참여센터(02-737-1472~3) 또는 금융감독원 신용
카드불법거래감시단(02-3771-5950~2)으로 하면 된다.

*신용카드 경제적 사용 10계명

1. 주거래 카드를 정하여 사용한다
여러 카드의 서비스 내용을 비교해 수수료가 낮고, 자신에게 꼭 필요하며 가장 많은 혜택을 받을 수 있는 카드를 사용한다.

2. 현금서비스는 사용일자를, 할부거래는 할부개월수를 따져서 사용하고 자금의 여유가 생겼을 경우 선결제제도를 활용한다
현금서비스는 사용기간이 짧을수록 수수료 부담이 적고, 할부는 할부이용기간이 짧을 수록 수수료율이 낮게 적용된다.

3. 카드의 사용한도는 가능한 최소한도로 줄인다
카드의 사용한도가 너무 많은 경우 무분별한 과소비의 원인이 될 수 있고, 분실이나 도난시 부정매출의 위험이 커질 수 있다.

4. 매월 카드명세서와 함께 동봉되는 각종 안내문을 최대한 활용하고, 카드사 홈페이지를 자주 방문한다
각종 안내문과 카드사 홈페이지에서 할인행사 및 이벤트 정보, 제휴가맹점의 할인쿠폰 등을 이용할 수 있다.

5. 카드사에서 적립해주는 포인트를 적극 활용한다
카드사는 카드이용금액 중 일정액을 포인트로 적립, 누적된 포인트 점수에 따라 현금 캐시백 (Cash Back), 사은품, 상품권 지급 등의 혜택을 준다.

6. 리볼빙 결제를 적절히 이용한다
리볼빙 결제는 신용이 양호한 회원을 대상으로 결제대금을 조절하여 납부할 수 있도록 하는 제도로, 카드사용액을 한꺼번에 결제하기 어려운 경우 일정금액만 결제하면 나머지 대금은 다음달로 연장되고, 카드도 계속 사용할 수 있는 결제 방법이다.

7. 부가서비스를 활용하라
해외출장이 잦은 사람이라면 항공사 제휴카드, 자가용을 많이 사용하면 자동차회사 제휴카드나 정유사 제휴카드에 가입해두면 마일리지 등 부가서비스를 받을 수 있다. 최근엔 핸드폰 요금과 전화요금을 카드로 결제하면 할인혜택을 제공한다.

8. 결제기간을 잘 이용하라

신용카드 대금은 물건을 산 날로부터 최장 53일후에 결제할 수 있다. 우리나라 카드의 경우는 일시불에 대해서는 별도의 수수료를 부과하지 않고 있기 때문에 결제일을 멀리 두고 사면 그만큼 자금을 여유있게 운용하는 셈이 되는 것이다.

9. 연체는 하지 마라

카드의 결제일을 넘겨 대금을 납부하게 되면 연체금뿐 아니라 신용 정보도 불량하게 되어 여러 가지 이용의 불이익을 당하게 된다. 따라서 자동 이체가 가능하도록 통장과 연계시켜 놓는 것도 한 방법이고 카드가 여러개 이어서 결제일에 혼동이 생길 수 있는 사람은 결제일을 통일시켜 놓는 것이 좋다.

10. 수수료율이 부담스럽고 비싸면 일시 선결제하라

급하게 돈이 필요해 현금서비스를 받았을지라도 곧 현금의 여유가 생겼다면 결제일이 도래하기 전이라도 미리 선결제를 해라. 이미 신용카드로 물건을 할부 구입했는데 매월 내는 이자가 부담이 된다면 도중에 대금을 한꺼번에 선결제 하는 것이 좋다.

5장

성공적인 삶을 위한 재무설계

FINANCIAL TECHNOLOGY

재무 설계란? | 재무 설계의 필요성 | 재무 설계의 과정
재무 설계의 종료 | 행동 계획 만들기 | 행동 계획 실행하기

성공적인 사람이라면 재무 계획을 세움으로써 가정과 일에 위협이 되는 요소를 미리 제거한다. 재정문제는 관계와 경력에 가장 압박을 주는 요소다. 이 문제를 어떻게 다루느냐에 따라 당신의 개인적인 성공을 좌우한다. 행복한 인생이 되기 위해 노력하라는 것이 아니라 들어오는 돈을 제대로 관리하라는 얘기다.

• 오늘 당장 시작하라

'내일 해도 충분하다'는 식의 사고방식을 갖고 있으면 제아무리 똑똑한 사람도 재정 문제를 피해갈 수 없다. 오늘 당장 재정과 관련된 책을 읽고 테이프를 듣고 세미나에 참석하라. 기초부터 토대를 세우고 무엇이 되었든 간에 자신과 가족을 위해 필요하다 싶은 재정적인 피난처를 마련하라. 어디에 가서 누구에게 상담을 받을지 하는 문제로 쓸데없이 고민하지 마라. 오늘 당장 시작하라.

• 배우자와 함께 계획을 세워라

집안의 재정은 가족 사업이다. 가계부를 어느 한 사람이 맡지 말고 함께 써나가도록 하라. 설령 기입은 한 사람이 하더라도 부부가 똑같이 관심을 가져야 한다.

다음과 같은 두 가지 태도는 무조건 버려야 한다.

첫째, 카드 영수증, 은행 거래 명세서 등을 제때 챙기지 않고 나중에 훑어보겠다고 미루는 것. 대부분 그렇게 하지 않을 것이며, 이로 인해

결국 낙담하고 걱정할 일이 생기게 된다.

둘째, 안 좋은 일은 배우자에게 감추는 것. 좋든 나쁘든 항상 모든 정보를 공유하라.

• 재정과 관련된 기록들은 한데 모아라

재정 자료들은 한곳에 있어야 한다. 바인더로 철해 두어도 좋고 서류함에 담아 보관해도 좋다. 보관 방법이야 아무래도 좋다. 중요한 것은 지금 당장 그렇게 하라는 것이다. 계좌번호와 신용카드 정보, 투자와 채권 채무 기록 등 재정과 관련된 기록은 하나도 빠짐없이 정리해서 일목요연하게 볼 수 있도록 하자. 그래야 비상시 즉시 필요한 정보를 얻을 수 있다.

비상시와 관련해 한 가지 권유할 것은 유서가 없다면 지금 당장 준비해 두라는 것이다. 이것이 진정으로 가족을 사랑하는 길이다. 생명유지 장치나 장기 기증 같은 문제도 슬프고 절망적인 상황에 놓은 가족에게 결정을 떠넘길 게 아니라 이성적인 판단이 가능할 때 스스로 결심해 놓아야 한다.

• 지출의 우선순위를 정해라

중요한 지출을 할 때는 배우자와 상의하고, 지출이 불가피한 항목과 그렇지 않은 항목을 구분하라. 그러면 충동구매를 줄이는 데 도움이 될 것이다. 우선순위에 따라 지출 목록을 작성하고 이 목록을 지불이 필요할 때마다 같이 검토해야 할 따른 금융 자료들과 함께 두면 재정 계획을 세우는 일에 큰 도움이 될 뿐 아니라 배우자와의 관계도 놀랄 만큼 좋아질 것이다.

• 재정에 관한 잘못된 생각을 버려라

첫째, 좀 더 돈이 생긴다고 해서 당신의 문제가 해결되는 것은 아니다. 한국의 신용체계는 자신의 소득보다 적어도 10%는 더 많이 쓰게끔 한다.

둘째, 재정 계획은 당신을 구속하는 것이 아니라 당신을 자유롭게 하는 것이다.

셋째, 재정은 통제할 수 없는 것이 아니다. 당신의 현재 재정 상태는 과거 당신이 한 선택에서 비롯한 것이다. 만약 지금 당신의 재정 상태가 전문적인 도움을 필요로 하는 지경에 이르렀다면 당장 신용회복위원회를 찾아가도록 하라.

동료와 가족의 지원을 이끌어내는 여섯 가지 방법

성공적인 지원 체제를 구축하려면 먼저 내부 고객(회사 동료)이 외부 고객(고객과 잠재고객)
만큼 중요하다는 사실을 받아들여야 한다. 내부 고객의 중요성을 일단 이해하게 되면
가족이 내부 또는 외부 고객보다 더 중요하다는 것을 쉽게 깨닫게 된다.

내부 고객과 가족을 대할 때 다음 여섯 가지 사항만 명심하면 좋은 효과를 기대할 수
있다.

1. 내부 고객과 가족을 무시하지 말라
잘 아는 사이라고 무시하는 일은 절대 없어야 한다. 이 사람들이 당신의 삶에서 얼마나
중요한 존재인지 매일 자신에게 주지시켜라.

2. 잘못했을 때는 무조건 인정하라
인간은 누구나 실수를 저지른다. 그러니 자신의 실수를 기꺼이 인정하라.

3. 꼴 보기 싫은 사람까지도 사랑하라
호감 가는 사람을 사랑하는 데는 특별한 재능이 필요 없다. 성공적인 삶을 살기 위해서
는 존경하고 감사하기 어려운 사람들을 사랑할 줄 알아야 한다. 상대방이 역겨운 행동
을 하더라도 그것이 도와달라는 신호임을 이해하라.

4. 다른 사람들을 참여시켜라
사람들이 하는 말에는 삶의 지혜가 녹아 있다. 다른 사람들이 무슨 생각을 하는지 알아
내라. 인간은 본능적으로 자신이 중요한 사람이라고 느끼고 싶어한다. 다른 사람들을
우리 일에 동참시키는 것이야말로 이런 중요한 욕구를 충족시켜 주는 길이다.

5. 설명하고 대화하라
공유하고 설명하고 보여주고 상의하고 물어볼 수 있는 기회라면 무조건 잡아라. 사람
들은 사정을 잘 알고 싶어한다. 정보를 공유하라.

6. 재정적인 압력에서 자유로워질 수 있게 노력하라
당신의 동료뿐 아니라 가족도 돈 문제에 대한 걱정이 크다. 우선 오늘 당장 재정 계획
을 세워라. 이어 배우자와 상의하고 가계부를 써라. 또 지출의 우선순위를 정하고 재정
에 대한 잘못된 생각을 버려라.

1. 재무설계란

오늘날 사회의 각 분야에서는 계획성이 강조되고 있다. 한 나라의 경제 발전은 물론이고 정부의 예산과 기업의 생산, 판매, 투자 활동 등은 모두 면밀한 계획 아래 이루어진다. 계획은 목표를 달성하기 위해서 반드시 필요하다. 개인이나 가정생활에 있어서도 마찬가지다.

기대하는 생활양식과 이루고자 하는 목표를 성취해 나가기 위해서는 일생 동안에 걸친 계획이 필요하다. 재무 설계란 라이프사이클 전체를 고려한 돈에 대한 계획을 의미한다. 현재 또는 미래의 소득과 자산을 증가시키고 보전하기 위한 계획으로서, 개인과 가족이 기대하는 생활양식에 적합한 재무 목표를 달성해가는 전 생애에 걸친 과정이다. 마치 인생 항로의 항해 계획과 같은 것이다.

2. 재무설계의 필요성

여러분은 어떤 인생의 모습을 이루고 싶은가? 열심히 일하는 청년의 모습, 가족들과 여유를 즐기는 중년의 모습, 인생의 마무리를 앞두고 후회보다 감사로 채워진 노년의 모습 등 우리가 그리는 모습은 다양하겠지만, 한결같이 성공적인 인생의 모습일 것이다. 그런데 인생의 성공은 거저 이루어지는 것이 아니다. 성공적인 인생에서 경제적인 독립은 기본이 되는 것이며, 경제적 독립을 이루기 위해서는 교육, 직업 선택, 훈련 등의 준비가 필요하고, 이러한 준비와 라이프사이클의 필요를 채우는 데 필요한 경제적 자원을 충당할 수 있어야 한다.

라이프사이클을 통해 가계 소득과 가족원들의 욕구 사이에 존재하는 불균형을 해결하기 위해서, 또 라이프사이클에 따라 발생하게 되는 재무 사건을 잘 해결하기 위해서 이러한 문제들을 미리 예상하고 계획하고 조절하는 재무 설계는 꼭 필요하다. 또 물가 상승, 금리 변동과 같은 경제적 불확실성, 또한 실업, 화재, 교통사고 등 경제적 안정을 위협하는 미래의 불확실성으로 인해 이러한 위험에 대처할 수 있도록 도와주는 재무 설계가 더욱 필요하다.

우리가 속해 있는 경제 환경의 불확실성을 살펴보자.

(1) 실질 구매력 하락의 위험

첫째 물가 상승은 소득이 변하지 않더라도 물가가 오르면 그 소득으로 구매할 수 있는 힘, 즉 실질 구매력은 감소한다. 예를 들어 가격이 10% 증가하면 지난해에 10만원이던 물건을 올해는 11만원을 줘야 구입할 수 있다. 우리나라 소비자 물가 지수는 지난 25년 동안 12배 이상 올랐다. 이를테면 25년 전에 1,000만원이면 살 수 있었던 집을 지금은 1억2,000만원 이상 주어야 살 수 있다는 의미다. 소득이 물가 상승률만큼 증가하지 않는다면 소비 규모와 생활수준은 물가가 상승함에 따라 낮아지게 된다. 따라서 물가가 상승하면 고정 수입을 가진 봉급생활자와 돈을 빌려준 채권자는 불리하다. 왜냐하면 봉급생활자의 경우 한정된 소득으로 구매할 수 있는 재화와 서비스의 양은 감소하게 되며, 채권자의 경우에는 되돌려 받는 돈의 가치가 빌려 줄 때보다 낮아지기 때문이다.

둘째, 이자율 변동은 외환위기 때 이자율이 급격히 올랐다가 그 이후 급격히 떨어짐으로 인해 피해를 경험한 사람들이 많다. 요즘 이자율은 너무 낮아서 많은 사람들이 저축 이외에 투자할 곳이 없는지 찾고 있다. 이자율은 쉽게 말해서 돈의 가격이다. 이자율이 떨어질 때는 저축을 하는 사람들이 불리하고, 돈을 빌리는 사람들이 유리해진다. 이자율이 올라가면 그 반대다. 퇴직금을 은행에 저축해서 그 이자로 살아가는 노부부가 있다고 가정하자. 5년 전 월 100만원의 이자를 받았는데, 이자율이 자꾸 떨어져서 지금은 이자율이 5년 전에 비해 절반 수준이 되었다면 얼마의 이자를 받는 셈이 될까? 월 50만원이다. 즉, 이자율이 50% 감소하면 그 이자에 의존해서 살아가는 노부부의 실질 구매력도 절반으로 줄어들게 되는 것이다.

(2) 재무 자원의 손실 위험

실업과 질병 : 가장이 직장을 잃거나 산업 재해나 질병으로 건강을 잃게 되어 현재 소득을 유지하지 못할 뿐 아니라 재산을 처분하거나 빚을 지게 될 위험을 말한다.

화재와 도난 : 집안의 귀중품을 도난당하거나 가스레인지를 켜 놓

은 상태에서 외출하여 집에 화재가 나는 등 재산을 잃어버릴 위험은 주변에 항상 있다.

교통사고 : 교통사고를 내서 경제적 보상을 해 주어야 하는 경우도 있고, 교통사고의 피해자가 되어 건강을 상실하거나 소득을 더 이상 벌지 못하는 경우도 있다.

재무 설계는 이러한 위험 상황에 대해 미리 대비하고 재무 손실을 최소화하는 작업이다. 그러나 어떤 사람들은 계획을 세울 만큼 충분한 자산이나 소득을 갖고 있지 않다고 생각한다. 혹은 소득이 충분해서 모든 문제가 잘 될 거라고 생각하기도 한다. 혹은 재무 설계에 시간을 쏟을 만큼 한가하지 않다고 여긴다. 어떤 이는 죽음, 장해, 실업, 재산의 손실 등 미래의 어두운 측면을 상상하기를 두렵게 생각한다. 또 재무 설계를 행동을 제약하는 것으로 간주한다. 그러나 실제로 재무 설계는 경제적 독립으로 인한 자유를 제공한다. 돈 걱정 없이 살기를 바라면서 재무 설계를 무시하는 것은 마치 작전 없이 운동 경기를 하거나 공부하지 않고 시험을 치는 경우와 같이 우연을 바라는 것이다.

3. 재무설계의 과정

재무설계란 현재 또는 미래의 소득과 자산을 증가시키고 보전하여 개인과 가족이 기대하는 생활양식에 적합한 재무 목표를 달성해가는 전 생애에 걸친 과정이다. 그래서 재무 설계를 하기 위해서는 우선 기대하는 생활양식에 적합한 재무 목표가 무엇인지 정해야 한다. 재무 목표를 정하고 나면 그것을 달성하기 위해서 미래의 소득과 자산을 증가시키고 보전하기 위한 계획을 세우고 실천해 나가면 된다.

(1) 구체적인 재무 목표를 정한다.

대부분의 사람들은 더 나은 미래를 원하면서도 성취하고자 하는 목표를 구체적으로 세워 보지 않는다. 비행기를 타고 좋은 곳으로 여행을 떠나려 한다고 가정해 보자. 목표가 없는 인생은 목적지를 정하지 않고 날아가는 비행기와 같이 무모한 모험을 하는 것과 마찬가지다. 재무 설계의 첫 번째 단계는 재무 목표를 세우는 것이다. 여러분의 재무 목표는 무엇인가?

(2) 재무 상태를 분석하고, 이용 가능한 재무 자원을 파악한다.

재무 목표를 정한 다음에는 어떻게 해야 할까? 목적지가 정해진 셈이니 현재 있는 곳에서부터 가고 싶은 곳까지 날아가도록 해야 한다. 현재 있는 지점과 가고 싶은 지점을 명확히 알아야 정확한 양의 연료를 준비할 수 있듯이, 우선 자신의 현재 있는 지점을 아는 것은 당연한 일이다. 우리는 지금 어디에 와 있는가? 즉, 자신의 현재 재무 상태를 평가해야 한다. 현재의 자산과 부채, 그리고 순자산은 얼마나 되는지, 수입은 얼마나 되며 지출은 어디에 얼마나 하고 있는지를 알아야 하는 것이다. 재무 상태 분석을 통해서 우선적으로 갚아야 할 부채는 어떤 것인지, 가능한 다른 소득원은 없는지, 진정으로 원하는 곳에 돈을 쓰고 있는지, 과소비는 없는지, 저축과 투자를 위한 여분의 돈은 얼마인지 등에 대한 정확한 평가를 할 수 있다.

(3) 행동 계획을 수립한다.

어디에 와 있는지도 알았으니, 다음엔 목적지로 가는 구체적인 계획을 세워야 한다. 재무 목표 달성을 위해 필요한 자금을 언제까지, 어떻게 마련할 것인가에 관한 자금 준비 계획이 뒷받침 되어야 한다.

(4) 행동 계획을 실행한다.

이제는 비행을 해야 할 단계. 즉, 계획을 실행할 단계다. 계획되지 않은 미래가 성공할 수 없듯이 실행되지 않은 계획은 성공할 수 없다. 실행할 때는 자기 통제가 필요하며 예상과 달리 수정이 불가피할 수도 있으므로 융통성이 필요하다.

(5) 규칙적으로 검토하고 평가한다.

재무 설계는 어떤 특정한 행동을 취함으로써 끝나는 것이 아니라 역동적인 과정이다. 재무 목표에 근접해 가고 있는지 정기적으로, 적어도 1년에 한 번씩 점검이 필요하다. 경제 상황이나 개인적 상황의 변화는 재무 설계의 변화를 필요로 한다.

4. 재무설계의 종료

재무 목표를 달성하고자 하는 기간에 따라 단기 목표와 중장기 목표, 장기 목표로 구분할 수 있다.

단기 목표는 보통 1년 안에 이루기를 원하는 목표다. 예를 들면 비상 자금 마련, 여름휴가, 겨울 코트 구매 등이 있다.

중장기 목표는 대개 1년에서 5년 사이에 이룰 수 있는 목표다. 주택 구매를 위한 부채 상환, 자동차 마련 등이 있다.

장기 목표는 5년 이상의 시간이 걸리는 목표로 내 집 마련, 자녀의 대학 교육 준비, 은퇴 준비 등 라이프사이클에 따라 중요한 재무 사건과 관련된 목표를 포함한다.

이 밖에도 추구하는 인생의 목표에 따라 해외여행, 장학금 설립 등 다양한 장기 목표가 있을 수 있다.

5. 행동계획 만들기

재무 목표가 결정되고 현재의 경제적 자원이 파악되면 행동 계획을 세울 수 있다. 행동 계획은 재무 목표 달성을 위해 필요한 자금을 언제까지, 어떻게 마련할 것인가에 관한 자금준비 계획이라고 할 수 있으며, 단기 계획과 장기 계획의 형태로 수립할 수 있다.

단기 계획은 소득과 지출 간의 균형을 유지하고 장기 계획을 이루기 위한 저축 계획을 포함한 것으로서, 월간단위 혹은 연간 단위의 예산을 의미한다. 예산은 장기 계획을 반영해서 작성되어야 하고, 재무 목표와 재무 환경이 변함에 따라 수정되어야 한다.

장기 계획은 라이프사이클을 고려하여 설정된 가계의 재무 목표를 달성하기 위한 장기적이고 종합적인 계획으로서, 다음 내용들을 포함한다.

- 주요 구매를 위해 지출을 조정하는 것.
- 부업이나 시간제 일을 더 가지거나 맞벌이 혹은 직장 이동 등의 방법을 통해 소득을 증가시키는 것.
- 부채를 관리하는 것.
- 예측할 수 없는 위험에 대비하여 생활을 유지하고 소유 자산을 보호하기 위해 보험에 가입하는 것.
- 여러 가지 재무 목표를 달성하기 위해 저축과 투자를 통해 자산을 증대시키는 것.
- 세금을 잘 관리하고 소비자 신용을 잘 활용하여 가처분 소득을 극대화하는 것.
- 노후를 대비하여 경제적 준비를 하고 상속을 위한 준비를 하는 것이 포함된다.

복잡한 금융 환경과 금융 상품에 대한 이해 없이는 좋은 행동 계획을 세우기 어려우므로 인터넷 금융 사이트에서 상담을 하거나 은행이나 금융 기관의 PB(Private Banker)나 FP(Financial Planner)와 같은 금융 자산 관리사를 찾아 상담을 받는 것도 고려할 만하다.

6. 행동계획 실행하기

행동 계획은 실제로 행해져야 한다. 실행할 때는 계획대로 해야 하므로 자기 통제가 필요하며 예상과 달리 수정이 불가피할 수도 있으므로 융통성이 필요하다.

(1) 기록하기

실행 단계에서 가장 중요한 것은 소득과 지출에 관한 기록이다. 이는 단기 계획일 경우 특히 중요하다.

(2) 자료 보관하기

행동 계획을 실행하면서 발생하는 여러 가지 중요한 자료들을 보관해야 한다. 이에 대해 주의하지 않으면 중요한 서류들이 여기저기 분산되어 버리거나 어디에 있는지 찾지 못하기도 하고 영수증을 잃어버리는 경우도 많다. 재무 상태를 정확하게 분석하기 위해서는 다음 자료들을 보관해야 한다.

현재 재무 기록들 – 현재 가지고 있는 보험, 투자, 저축, 소득, 지출, 소유에 관한 정보. 예를 들면 보험 증서, 은행 통장, 부채 증서, 청구서, 영수증, 계약서 서류들, 가계부 기록, 주택과 자동차 기록 등이다.

개인 정보 기록들 – 여권, 병역 관련, 직업 관련, 신용 기록, 금전 관리 기록, 직업 관련 기록, 상속 관련 기록, 은퇴 기록, 건강 진단서 등이 있다.

잘 보지 않는 기록들 – 정기적으로 혹은 자주 이용할 가능성을 없지만 그래도 미래에 필요할 때를 위해 보관해야 하는 기록들로 과거의 세금 환급 서류, 소득 명세서, 지난 보험 증서, 보험 청구 서류, 주택 수리 기록 등을 포함한다.

자료들을 잘 보관하기 위해 지켜야 할 지침은 다음과 같다.

– 가족 구성원 모두가 어떤 자료들이 어디에 보관되어 있는지 알아야 하지만 가족 구성원 중 한 사람이 자료 보관의 책임을 맡는다.
– 매달 자료 정리 및 관리를 위한 정기적인 시간을 가진다.
– 집에서 자료 보관을 위한 한 장소를 정한다. 파일 캐비넷이나 플라스틱 폴더, 심지어는 신발 박스까지 이용할 수 있다.

6장

윤택한 노후를 위해

FINANCIAL TECHNOLOGY

노후 설계하기 | 은퇴 후 필요자금 산정언제부터| 어떻게 마련할까
'예상보다 오래 생존할 위험' 보장해주는 연금상품
개인연금은 선택이다 | 국민연금은 필수 | 건강하고 여유 있는 노후 준비

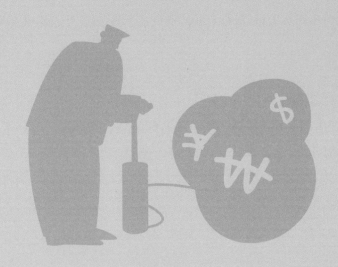

1. 노후설계하기

생활수준의 향상과 의료 기술의 발달로 노인 인구는 급격히 증가하고 있으나 도시화와 핵가족화의 영향으로 노인 부양 의식은 점점 약해지고 있다. 이제는 자신의 노후는 스스로 준비해야 하는 시대가 되었다. 노후설계는 은퇴 후에 필요한 금액이 어느 정도인가를 추정하고, 그 비용을 언제부터 얼마씩 저축할 것인가를 결정하는 과정이다.

2. 은퇴 후 필요 금액 산정

P(45)씨는 부인과 함께 슬하에 두 자녀를 두고 있으며, 60세에 은퇴하여 부인과 해외여행도 다니고 취미 생활도 하면서 여유 있는 노후 생활을 하고 싶다. 현재 큰딸은 중학교 3학년이고, 아들은 초등학교 6학년이다.

(1) 생활비
P씨 가계의 은퇴 후 생활비는 은퇴 후 매년 생활비 × 은퇴 후 기대 수명이다. '은퇴 후 기대 수명' 이란 말 그대로 '은퇴 후 남은 삶' 이지만 정확하게 몇 년인지 알 수 없으므로 추측을 했다고 해서 기대 수명이라고 한다.

P씨와 부인이 몇 세까지 생존할지 정확하게 알 수는 없으나 우리나

라 남성과 여성의 평균 여명을 참고해 볼 때 지금부터 P씨는 약 30년, 부인은 약 39년을 더 생존할 것이다. P씨는 은퇴 시점인 2019년부터 부인이 사망할 것으로 추측되는 2042년까지 23년 동안의 생활비가 필요하다.

일반적으로 은퇴 후 생활비는 경우에 따라 차이가 있지만, 보통 은퇴 전 생활비의 70%정도로 잡는다. 따라서 P씨의 은퇴 후 생활비는 은퇴 전 매년 생활비의 70% × 23(년)이다.

(2) 자녀 교육 및 결혼 비용

두 자녀의 교육 비용과 결혼 비용이다. 내년에 고등학생이 되는 딸과 중학생이 되는 아들이 대학 공부를 전부 마칠 때까지 드는 비용은 얼마나 될까? 대학교 연간 등록비가 500만원이면 두 자녀의 대학교 등록금만 4,000만원이 된다. 거기에 초, 중, 고등학교 시절에 다니는 학원 등의 과외 학습 비용까지 포함시켜야 한다. 교육비도 크지만 정작 목돈이 드는 때는 결혼 할 때다. 혹시 P씨가 자녀의 주택 마련 비용의 일부를 보조해 주려고 마음먹고 있다면 그 비용은 더욱 커진다. 자녀들의 주택 자금을 지원해 주고도 노후를 지낼 자금이 충분한지를 잘 계산해 보아야 할 것이다.

(3) 의료비 및 비상금

젊었을 때 아무리 건강하던 사람도 노후에는 병원을 찾는 일이 많아지기 마련이다. 몸이 쇠약해진 상태에서는 근육과 관절이 마음먹은 대로 움직이지 않아 사고를 당하기도 쉽다. 그 외에 장례 비용, 묘지 마련 비용 등의 사후 정리 자금도 미리 준비해 두는 것이 좋다.

(4) 문화 생활, 취미 생활에 드는 비용

마지막으로 노후에 즐기고자 계획한 문화 생활, 취미 생활 등에 드는 비용이다. P씨의 경우 해외여행을 계획하고 있으므로 문화, 취미 생활 항목에 많은 자금을 책정해야 된다.

앞서 설명한 네 가지 항목 각각에 P씨가 얼마를 책정할 것인가에 대한 유일한 정답은 없다. P씨의 선호와 능력에 따라 결정되어야 할 문제다. 그런데 일반적으로 사람들이 예측하는 노후 생활비용이 실제 필요한 비용보다 훨씬 적은 경향이 있다고 한다. '할머니, 할아버지가 되어서 돈 쓸 일이 많겠어?' 하는 생각 때문일까? P씨가 60세가 되기까지 벌어 두어야 할 돈은 60세까지 필요한 돈이 아니다. 은퇴 후에는 소득이 없다는 점을 명심하고 노후 생활에 필요한 비용을 부족하지 않게 준비해야 한다.

풍요롭고 안정된 노후 생활에 필요한 것이 어찌 경제적 안정뿐이겠는가? 무엇보다도 건강해야 할 것이고, 서로를 위해 주는 친구도 있어야 한다. 그러나 P씨의 노후 생활이 안정되고 풍요로워지기 위해서는 생활비, 교육비, 결혼 비용, 의료비, 비상금 등을 정확하게 예측하고 미리 저축해 두는 것이 꼭 필요하다.

3. 언제부터 어떻게 마련할까?

요구불 예금 상품을 제외한 대부분의 은행 상품은 이자가 복리로 계산되기 때문에 저축기간이 길수록 미래 가치는 높아진다. 즉, 노후 준비를 위한 저축 시기는 빠르면 빠를수록 좋다.

미래가치 = 원금 × (1 + 이자율)기간

은퇴 후 필요 비용을 산출했으면 이미 준비된 금액을 빼고 그 나머지 부분을 퇴직 시점까지 남은 기간으로 나누어 주면, 퇴직할 때까지 매년 저축해야 되는 금액이 산출된다.

퇴질할 때까지 매년 저축해야 하는 금액 = (은퇴 후 필요한 금액
– 이미 준비된 비용) / 은퇴할 때까지 남은 기간

4. '예상보다 오래 생존할 위험'을 보상해 주는 연금 상품

'예상보다 오래 생존할 위험'이란 자신이 70세까지 생존할 것으로 예상하고 노후 준비를 했는데, 80세나 90세까지 생존을 하여 발생하는 경제적 문제다. 무병장수는 큰 복이지만 노년에 경제적으로 독립하

지 못한 채 누군가에게 의존해야 한다면 결코 즐거운 노년 생활을 영위할 수 없을 것이다. 이러한 경우를 대비할 수 있는 상품이 연금 상품이다.

연금은 보험의 일종으로써 동일한 종류의 위험을 공유한 다수의 사람들이 함께 기금을 조성하고, 실제로 위험이 실현된 구성원에게 연금(보험금)을 지급한다. 우리들 중에는 국민연금 보험료만 열심히 내면 노후 준비를 따로 하지 않아도 된다고 생각하는 사람이 있을지도 모른다. 또는 퇴직금을 생각하면서 노후 준비가 충분히 되었다고 생각하는 사람이 있을지도 모른다. 그러나 국민연금과 같은 사회 보장성 공적연금으로는 기초 생활 수준을 보장하고, 기업의 퇴직금은 이보다는 높은 수준인 표준적인 생활을 보장할 수 있을 뿐이다. 따라서 보다 여유있는 노후 생활을 위해서는 개인연금 등의 추가적인 대안을 준비해야 한다.

개인연금 보험은 오랫동안 생존할 경우를 대비한 노후 대비 상품이다. 경제력이 있을 때 노후의 생활 자금을 마련하기 위해 소득의 일부를 적립하여 두었다가 일정 시점부터, 예를 들면 65세부터 살아 있는 동안 연금을 받을 것을 약속하는 보험이다.

연금 보험금을 일시에 타서 쓸 수도 있기는 하지만, 연금 보험은 연금의 형태로 매년 일정한 보험금을 지급하여 주는 것이 원칙이기 때문에 많은 돈을 한꺼번에 받아서 미리 다 쓰거나 잘못 투자해서 손해를 볼 위험으로부터 보호하기 위한 부분도 크다.

연금은 피보험자가 생존하면 평생 동안 지급되는 종신 연금형과 연금 지급 기간을 정해두는 확정 연금형이 있다.

5. 개인연금은 선택이다

(1) 개인연금 보험은 개인연금 신탁과는 다른가?

개인연금은 노후를 위한 장기 저축으로, 여러 금융 기관에서 취급하고 있다. 은행, 농수축협 중앙회, 투신사에서 판매하는 개인연금 신탁과 생명보험사, 손해보험사, 농수축협 단위 조합, 우체국에서 판매하는 개인연금 보험 등이 있다.

개인연금 보험과 개인연금 신탁은 세금 공제 조건이나 불입 조건, 만기 조건은 같다. 그러나 특성이 서로 다르고 어느 금융 기관의 상품이냐에 따라서도 다르다. 개인연금 보험은 노후 보장과 더불어 위험 보장도 한다. 이 때문에 수익률에서 보면 개인연금 보험은 은행이나 투신사의 상품에 비해 낮다. 보험료의 일정 부분이 보장성 보험 비용으로 나가기 때문이다.

은행의 개인연금 신탁은 가장 대표적인 개인연금 저축 상품으로 수익율이 비교적 안정적이다. 투신사의 개인연금 신탁은 주식에 일정 부분을 편입할 수도 있고 순수 채권으로도 운용할 수가 있기 때문에 수익율 등락이 조금 심하다. 위험을 감수하고라도 높은 수익율을 기대한다면 투신사 상품이 좋으나 안정적 수익을 바란다면 은행의 개인연금을 이용하는 것이 바람직하다.

(2) 국민연금에 가입했는데 개인연금에도 가입해야 하나?

연금은 소득이 있을 때 기금을 적립하여 놓고 일정 연령 이후의 생존 기간 또는 미리 정한 일정 기간에 걸쳐 인출하여 사용하는 것이다. 오랜 기간 동안 일정 수준의 소득을 유지하는데 좋은 방법으로 노후 생활에 적합하다. 국민연금, 공무원연금, 기업의 퇴직금 제도 등 공적 연금 제도가 있지만 이로 충당되지 못하는 부분을 보완하기 위해 노후 생활을 보장할 수 있도록 하기 위해서 개인연금이 1994년 6월 20일부터 실시되고 있다.

국민연금으로는 노후 생활이 충분히 보장되지 않으므로 개인의 준비가 같이 이루어져야 하는데, 다른 저축 수단보다 연금 보험이나 연금 저축은 연금의 이점을 살릴 수 있고 세제상의 혜택도 주어지기 때문에 개인연금에 가입하면 좋다.

(3) 국민연금과 개인연금의 차이는?

국민연금은 국민의 생활 안정과 복지 증진을 위해 국가에서 시행하는 사회 보장 제도의 하나다. 국가에서 관리 운영비를 지원하고 있으며, 법에 정해진 가입 요건에 해당하는 사람은 누구나 당연히 가입해야 한다. 반면 개인연금은 영리를 목적으로 은행이나 보험 회사에서 취급하는 금융 상품이다. 개인이 원할 경우 임의대로 가입하는 사적인 보험인 것입니다. 따라서 국민연금은 기본적인 생활수준의 보장이 목적이나, 개인연금의 경우는 개인이 보다 자유롭게 납입액과 연금 수령 방법을 선택할 수 있다.

구 분	국민연금	개인연금
가입방법	법률에 의한 의무 가입	본인 희망에 따라 가입
보험료	표준 소득 월액의 5~9%	월 1백만원내(1만원 단위)
연금 급여	노령, 유족, 장애 연금 반환 일시금	노령연금 중도 해지 일시금
가금 연금액	배우자 : 연간 17만원선 자녀 : 연간 11만원선	없음
연금 지급 기간	평생 지급 수급자 사망시 유족 승계	계약시 별도 설정
가입 중 사망, 장애 발생시	유족, 장애 연금 지급	중도 해지 일시금 지급
급여의 실질 가치	실질가치 향상 보장 (물가 상승률 만큼 상승)	실질 가치 보장 미흡
세제 혜택	당해 연도 납부한 전액	보험료 전액 공제

(4) 세제 혜택을 준다는데

개인연금에 가입하면 연간 납입한 보험료의 100%(240만원 한도)를 소득 공제를 받을 수 있다. 2001년 이전에 가입한 경우는 연간 보험의 40%(72만원 한도)를 소득 공제 받는다. 예컨대 올 1월에 개인연금 보험에 가입하여 매달 20만원씩 불입해 왔다면 240만원의 소득공제를 받게 된다.

개인연금을 2001년 이전에 가입한 경우는 연금 수령액에 대한 이자소득세를 면제해 준다. 그러나 2001년 이후에 가입한 신연금 보험은 연금 수령액에 대한 이자 소득을 과세한다.

이러한 세제 혜택을 받기 위해서는 일정 요건을 갖추어야 한다. 개인연금은 18세 이상 가입이 가능하고, 저축 한도는 3개월에 300만원인데, 10년 이상 불입하여야 한다. 연금은 평균 퇴직 연령인 만 55세 이후부터 5년 이상의 기간에 걸쳐 매월 지급되는데, 가입자의 희망에 따라 3개월, 6개월, 9개월, 12개월 단위로 나누어 지급한다. 중도에 해지하거나 연금을 일시에 받을 경우 추징세를 낸다.

 개인연금 가입 요령

1. 연금은 보험료(가입 금액)에 따라 결정하기보다는 연금을 얼마나 받을 수 있는지, 그 금액이 노후에 어느 정도의 있는지, 노후 생활을 하기 위해 적절한 규모인지를 결정하는 것이 원칙이다. 단지 개인 연금에 가입하였다고 노후가 보장되는 것은 아니다.

2. 젊어서 가입하는 것이 유리하다. 똑같은 연금에 가입해서 10년 동안 똑같이 보험료를 내고 60세부터 똑같은 금액을 받는다고 할 때 20세에 가입할 때 보험료 부담은 30세에 가입할 때 보다 훨씬 낮아진다. 40세, 50세가 되면 그 부담이 더 커진다.

3. 연금은 계약자가 낸 보험료와 이자를 모아서 준비금으로 적립했다가 연금 개시 이후에 계약자에게 돌려주는 것이므로 연금 개시 시점의 책임 준비금이 높은 상품이 유리하다. 보험 가입 설계서에 찍혀 나오는 연금 개시 시점의 책임 준비금을 비교하면 된다.

4. 연금은 보험 기간이 길기 때문에 보험 회사의 재무 상태를 살펴보아야 한다. 미래는 항상 변화하는 것이기 때문에 배당금보다는 배당 능력을 본다.

6. 국민연금은 필수

(1) 국민연금 제도란 무엇인가?

국민연금은 국민의 기본적인 노후 생활을 보장하기 위한 사회 보험이다. 또한 사고나 질병으로 사망 또는 장애를 입어 소득 활동이 중단된 경우, 본인이나 유족에게 연금을 지급함으로써 기본 생활을 유지할 수 있도록 한다. 소득 활동을 할 때 보험료를 조금씩 납부하여 퇴직과 장애, 사망 및 노령으로 인한 소득 감소 위험에 대비하는 것이다. 공기업인 국민 연금 관리 공단(www.mps4u.or.kr)에서 관리 운영한다.

(2) 국민연금의 가입 대상자는 누구인가?

국민연금 제도는 1988년에 시작되었는데, 처음에는 모든 사람이 가입할 수 있는 것은 아니었다. 그러나 현재는 공무원연금, 군인연금, 사립학교 교직원연금, 별정 우체국법이 정하는 연금에 가입하지 않은 18세 이상 60세 미만의 국민은 누구나 국민 연금에 가입할 수 있다.

국민연금 가입자는 사업장 가입자, 지역 가입자, 임의 가입자, 임의계속 가입자, 외국인 가입자로 나누어진다. 예를 들면 직장에 근무하는 사람은 사업장 가입자이고, 농어민이나 자영업자의 경우는 지역 가입자가 된다. 사업장 가입자와 지역 가입자는 가입 요건이 되면 의무적으로 가입해야 한다.

임의 가입자는 사업장 가입자 및 지역 가입자가 될 수 없는 경우 본인의 신청에 의하여 가입한 자를 말한다. 사업장 가입자나 지역 가입자처럼 의무 가입이 아니기 때문에 언제든지 탈퇴가 가능하다. 전업 주부와 같이 소득이 없는 사람이 가입할 수 있다.

(3) 국민연금은 청구는 어디서 하나?

국민연금은 주소지 관할 지사에서 청구하면 된다. 단, 반환 일시금 및 사망 일시금은 전국 어느 지사에서나 청구가 가능하다. 국민연금은 지급 사유가 발생한 날로부터 5년 이내에 청구하여야 한다. 국민 연금은 매달 말일에 지급된다.

(4) 국민연금을 받을 때 세금을 내나?

노령연금 및 반환 일시금(사망으로 인한 반환 일시금 제외)을 받으면 소득세를 내야 한다. 연금 보험료는 소득 공제를 받을 수 있다.

(5) 남편이 사망한 경우 부인이 연금을 탈 수 있나?

노령연금 수령자나 가입 기간이 10년 이상인 가입자가 사망한 경우, 2급 이상 장해 연금 수령자가 사망한 경우에 배우자가 일정 비율의 연금을 유족 연금으로 탈 수 있다. 가입 기간이 20년이 넘은 경우 기본 연금액의 60%를 받을 수 있다.

부부가 모두 국민 연금에 가입되어 60세에 도달하면 부부가 각각 노령 연금을 받게 된다. 부부가 모두 국민 연금에 가입하여 노령 연금을 받던 중 어느 한 쪽이 사망하면 본인이 받던 노령 연금과 유족 연금 모두 받을 수 있는 것이 아니라 유리한 급여를 선택하여 하나만을 받을 수 있다.

(6) 장애·유족연금을 받고 있는 사람도 국민연금에 가입해야 하나?

국민연금 가입대상은 국내에 거주하는 18세 이상 60세미만의 국민으로 장애연금 또는 유족연금을 받고 있다 하더라도 국민연금에 가입해야 한다. 소득활동에 종사하는 경우 국민연금보험료를 계속 납부하여야 하며, 소득이 없는 경우 납부예외로 신청하실 수 있다. 장애·유족연금을 수령하다가 60세 도달시 지급받고 있는 장애(유족)연금과 새로 발생되는 노령연금 중 본인이 선택하여 한 가지만 받을 수 있다.

(7) 조기노령연금이란 무엇인가?

조기노령연금은 10년 이상 가입하고 더 이상 소득이 있는 업무(사업·근로소득)에 종사하지 않는 경우 본인의 희망에 의하여 55세부터 지급되는 연금이며 조기노령연금액은 가입 시기를 앞당겨 지급하는데 따른 감액율을 적용하여 산정된 금액을 기준으로 지급된다. 단, 고용보험법에 의하여 구직급여를 지급받을 수 있는 경우와 65세 도달 전까지 소득이 있는 업무에 종사하게 된 때에는 연금의 지급을 정지한다.

(8) 사망일시금이란?

가입자 또는 가입자이었던 자가 사망하였으나 유족연금 또는 반환일시금을 지급 받을 수 없는 경우에 지급된다. 사망일시금은 가입자 또는 가입자이었던 자에 의하여 생계를 유지하고 있던 배우자, 자녀,

부모, 손자녀, 조부모, 형제자매, 또는 4촌 이내의 방계혈족으로서 최우선 순위자에게 지급한다.

(9) 병원에 입원하고 있는 경우 치료비나 입원비를 받을 수 있나?

국민연금에서는 입원비 또는 치료비등은 지급되지 않으나 가입 중에 발생한 질병 또는 부상이 완치된 후에, 신체 또는 정신상의 장애가 있는 경우 그 장애등급에 해당하는 장애연금액을 장애가 존속하는 동안 지급된다.

(10) 맞벌이 중 납부한 국민연금을 받을 수 있나?

전업주부라 하더라도 60세 도달시까지 반환일시금을 지급받을 수 없다. 전업주부로서 소득이 없는 경우에는 국민연금에 가입하지 않아도 되나 가입 중에 납부한 보험료는 60세 전에 반환받을 수 없다. 60세 도달시점에 가입기간이 10년 이상인 경우에는 노령연금을 받게 되고, 10년 미만인 경우에는 납부한 보험료에 일정이자를 가산하여 반환일시금을 받을 수 있다.

7. 건강하고 여유 있는 노후 준비

우리나라가 고령화 사회로 접어든지 이미 오래다. 젊은 세대의 저출산 경향과 함께 노인문제가 사회의 커다란 이슈로 등장하고 있다.

특히 마땅한 노후 대책을 마련하지 못한 사람들이 많은 게 현실이다. 이제 자식들에게 의존하는 예전의 모습에서 벗어나 노인도 홀로서기를 해야 한다.

노후의 생활 목표는 건강(medicine), 여유 있는 마음(mind), 경제적 여유(money)라 하여 3M으로 표현한다. 이러한 목표를 달성하기 위해 기본적으로 경제적 자원이 필요하다.

2003년 한국보건사회연구원 보고에 의하면 60세 노인의 수입원은 장남의 보조를 받는 경우 45%, 다른 자녀로부터 보조 받는 경우가 25%, 스스로 벌어서 사는 경우 40%, 연금 퇴직금으로 사는 경우 약 10%(이중응답)라고 한다. 아직도 노후의 생활비를 자녀에게 의존하는 경우가 많으나 앞으로는 이런 것을 기대하기는 어려워지고 있다.

노후생활자금 조달은 다음의 방법으로 이룰 수 있다.
– 저축 및 이자소득
– 연금 및 퇴직금
– 각종 부동산 임대료
– 사회보조, 기타
– 자녀들의 보조

노후생활자금을 한꺼번에 마련하는 것은 어려운 일이다. 장기간에 걸쳐 필요자금을 마련해도 인플레이션 때문에 돈의 가치가 낮아져 자금이 부족해질 수도 있다. 그러므로 여러 가지 방법으로 장기간에 걸

쳐 자금을 마련하고 인플레이션에 대비한 연금방식을 활용하는 것이
좋다.

(1) 자금운영을 어떻게 하는 것이 안전한가

명확한 목표의식을 가지고 자산을 배분한다. 현재의 자산상태 표를
만들어보고 필요한 자금을 필요한 시기에 쓸 수 있도록 자산을 배분하
여 관리해야 한다. 그리고 가능하면 자녀에 대한 상속보다 먼저 자신
의 경제적 독립을 확보해 두도록 한다.

(2) 안전성을 가장 먼저 고려한다

고정적인 근로소득을 기대할 수 없으므로 원금을 지키는 것을 원칙
으로 삼아야 한다. 고수익을 추구하다가 원금을 잃게 되면 장기간에
걸쳐 준비해 온 노후자금을 일시에 날릴 수 있고 회복도 어렵다. 만일
수익성을 위한 투자가 필요할 때라도 반드시 일정금액은 안전한 곳에
분산투자하는 원칙을 지킨다.

- 주식투자 같은 고 위험 투자를 하지 않도록 한다.
- 사금융을 피한다.
- 변동금리보다 확정금리 또는 실세연동형 금리를 선택한다.
- 은행 정기예금, CD, CP, 국공채 등에 투자한다.

(3) 유동성을 높인다

노후에는 질병 사고 등 예기치 않은 위험에 노출될 가능성이 많다.

재산이 있어도 필요할 때 현금화할 수 없다면 도움이 안 된다. 따라서 자산의 유동성을 높이되 최소한 3~6개월 분의 생활비에 해당하는 액수는 곧바로 현금화할 수 있는 형태로 보유한다. 그러나 금리가 낮고 물가가 빠르게 상승하는 특별한 시기에는 여유가 있다면 금융자산 일변도의 투자도 적당하지 않다.

주거용 부동산은 생활의 기본적인 안정을 위해 필요하므로 유동성 관리와 별도로 그대로 보유하되 너무 큰 경우 크기를 조절한다.
- 부동산 투자보다 금융자산 투자비율을 높인다.
- 장기상품보다 단기상품을 활용한다.
- 항상 중도해지의 가능성을 염두에 두고 수수료를 확인한다.
- 은행의 MMDA, 투신사 MMF

(4) 월 이자지급식 상품을 이용한다

연금만으로 생활비가 부족할 경우 목돈을 월 이자지급식 상품에 예치하고 매달 이자를 타서 생활비에 보탠다. 여유가 있으면 매달 이자를 수령하지 않고 3개월 또는 6개월 복리로 이자를 지급하는 상품을 선택한다.
- 은행의 적립식 목적신탁, 노후생활 연금신탁 등
- 안정적인 A급 회사채, 각종 정기예금, 투신사 공사채형 저축 등

(5) 보험을 활용한다

보험가입이 가능할 때 생명보험이나 건강보험 등 각종 보장성 보험에 종신형으로 가입한다. 나이 들어 질병과 사고가 발생했을 때 보험의 진가를 알 수 있다.

(6) 부채를 최소화한다

부채는 시장가치가 상승할 가능성이 있는 물건을 사거나 미래소득의 향상을 위해 써야 한다. 그러나 노인가정의 부채는 다른 어느 것보다 먼저 해결해야 할 항목이다. 현금자산이 없으면 집 크기를 줄여서라도 부채를 먼저 갚는다.

(7) 절세상품을 활용한다

비과세저축, 세금우대저축 외에도 퇴직금이나 노인고객에게 세금혜택을 주는 상품들이 있다.

(8) 은퇴 준비는 돈만이 아니다

은퇴 준비를 한다면 돈을 얼마나 어떻게 저축하고 은퇴 후의 생활에 대비 하느냐가 첫째 과제이다. 그러나 이와 못지않게 중요한 것이 은퇴 후의 삶의 계획이다. 은퇴 후에는 무엇을 하며 어떻게 살 것인가도 계획 되어야 한다. 다다익선이라고 하지만 그것은 무계획함을 의미 한다. 돈만 충분히 저축 한다면 걱정 할 것이 없다라고 생각 한다면 은퇴를 제2의 인생이니 새로운 삶의 시작이니 말 할 수 없다. 지금까지 삶의 연속일 뿐이다. 지금까지 보다는 편안한 삶이 될 수는 있을지 모르지만 새롭게 시작하는 보람 있는 은퇴 생활이라 할 수 없다. 이전의 삶과는 다른, 하고 싶던 일을 하며 즐길 수 있는 은퇴 생활이 되도록 하기 위해서는 미리부터 계획 하고 준비 해 두어야 한다. 구체적이고 실현 가능한 생활이 되도록 미리 계획 하고 필요한 지식도 미리 익히고 비용도 감안해야 한다.

 돈은 무덤까지 가지 고 가야 한다

우리 사회가 급격히 산업사회로 발전해 가는 과정에서도 우리들의 사고와 가치관은 짧은 기간 내에 바뀔 수 없는 데서 오는 갈등이 우리 사회의 모든 세대에게 혼돈스러운 부담으로 작용하고 있다. 부모세대는 자식들로부터 독립을 희망하지만 한편으로는 의지의 유혹을 뿌리치지 못하며 자식세대는 핵가족을 원하면서도 부모에 대한 효도라는 부담에서 해방되지 못하고 죄의식을 느껴야 하는 성숙되지 못한 가치관이 지금의 변환기적 상황에서 모두가 희생자이다

돈은 무덤에 갈 때까지 갖고 있어야 한다면 죽어서 무덤에 갖고 갈 것도 아닌데 돈에 집착할 필요가 있느냐고 반문할 수도 있다. 편안한 노후를 염두에 둔다면 그게 아니다. 돈이 있어야 자식에게도 대접 받는다. 자식을 나무랄 수도 없는 게 오늘의 세태인 것이다. 상속할 재산이 있다면 되도록 늦추는 것도 한 방법이 될 수 있다.

*노테크 10계명

1. 노테크는 돈을 버는 법이 아니라 돈을 쓰는 방법임을 먼저 다짐하라
노인은 돈을 벌 때가 아니라 쓸 때이다. 젊어서 노후 계획을 차근차근 준비해 노후 생활에 쓸 돈을 마련했다면 돈을 벌기보다 있는 돈을 현명하게 쓰는 일에 신경을 쓰라. 슬기롭게 지출하는 것도 재테크의 일환이다.

2. 노인의 절약은 더 이상 미덕이 아니다
돈을 낭비해서도 안 되지만 절약이 수전노로 보이지 않도록 하라. 필요할 때 적절하게 소비해야 다른 사람의 대접을 받는다. 나이가 들면 주위에 있는 친한 친구나 벗들이 서서히 다른 세상으로 가고 있기 때문에 새로운 친구를 사귀는 것도 좋다.

3. 늙어서 돈 버는 일에 혈안이 돼있다면 그처럼 가벼워 보이는 인생이 없다
한 살이라도 적게 먹었을 때 노후 대책을 세워야 인생이 즐겁다. 나이가 들어서도 생계를 위해 일을 한다면 그동안의 정력적으로 일을 한 세월이 얼마나 허망한가. 자식에게도 떳떳한 모습을 보여야 부담을 줄여야 한다.

4. 돈이 없으면 없는 대로 당당하라
약간의 불편은 당당히 감수하라. 충분하지 못한대로 체념하라. 그것이 돈에서 해방 되는 길이다. 노후에 지나친 기대감으로 돈벌이에 연연하거나 너무 얽매이는 모습을 보이면 오히려 주위의 눈총을 받을 우려가 있다.

5. 돈을 주고 살 수 있는 가장 값진 것은 건강이다
노후에는 몸이 젊을 때처럼 유지되지 않는다. 자신도 모르게 병원비 신세를 질 수 있다. 오히려 현재의 건강 상태를 나쁘게 하지 않는 자신만의 건강법을 유지하는 게 현명하다. 생명보험에 가입해 있다면 병원비 문제로 걱정하지 않아도 된다.

6. 친구를 사귀거나 즐거움을 얻는데도 돈을 들여야 한다
그동안 직장생활 등을 하며 인연을 맺었던 사람들이 서서히 다른 세상으로 가는 시기다. 말벗이 없는 만큼 쓸쓸한 게 없다. 약간의 여유 자금으로도 노후에 좋은 친구를 만들 수 있다는 생각을 가져라.

7. 봉사하고 기부하라

커다란 힘 들이지 않고 남을 위한 조그만 봉사가 개인의 만족 뿐 아니라 큰 기쁨이 된다. 어려운 이웃을 위하거나 사회적 약자를 위한 일에 적은 돈이나마 기꺼이 기부한다면 인생이 더 즐겁다.

8. 어린아이 세뱃돈은 부모가 뺏어 가지만 부모의 돈은 자식이 뺏어간다

우리나라 부모는 자식에게 올인 하는 경향이 있다. 그러나 이제는 자신만을 위해 남은 인생을 즐길 때다. 재산이 있다면 미리 물려주지 말고 최대한 가지고 있을 때까지 소유하고 있다가 마지막에 상속한다.

9. 안전한 자금관리가 우선이다

이자가 높은 곳에 투자한다거나 원금을 불리는 일에 신경 쓰지 말고 안전하게 관리하는 것에 더 신경을 써라. 자칫 투자를 잘못했다가는 원금을 손해보면 오히려 불안한 노후생활이 된다.

10. 국가에서 주는 연금이나 의료혜택, 생활 보조도 당당하게 받아라

직장생활 때 어렵게 들어온 국민연금은 나라에서 당신에게 베푸는 것이 아니다. 당신의 받아야 할 당연한 권리이다. 또 소득이 없는 경우라면 정부가 지원하는 각종 생활보조 프로그램도 챙겨라.

남이 알려주지 않는 재테크

돈, 어디서 배우지?

2015년 9월 15일 초판 1쇄 발행

지은이 김환배
펴낸이 김승빈
펴낸곳 도서출판 다원
주소 서울특별시 성북구 보문동7가 80-1호
등록 2009년 11월 25일 · 제307-2009-63호
전화 02-924-1140
팩스 02-924-1147
이메일 bookpost@naver.com

책값은 표지의 뒷면에 있습니다.

ISBN 978-89-94206-16-5 03320